本書の特色と使い方

ゆっくりていねいに、段階を追った学習ができます。支援学級などでの個別指導にも最適です。

・問題量に配慮した、ゆったりとした紙面構成で、読み書きが苦手な子どもでも、ゆっくりていねいに段階を追って学習することができます。

・漢字が苦手な子どもでも学習意欲が減退しないように、問題文の全ての漢字にふりがなを記載しています。

光村図書国語教科書から抜粋した詩・物語・説明文教材、ことば・文法教材の問題を掲載しています。

・教科書掲載教材を使用して、授業の進度に合わせて予習・復習ができます。

どの子も理解できるよう、文章読解を支援する工夫をしています。

・長い文章の読解問題の場合は、読みとりやすいように、問題文を二つなどに区切って、問題文と設問に1、2…と番号をつけ、短い文章から読みとれるよう配慮しました。

・読解のワークシートでは、設問の中で着目すべき言葉に傍線（サイドライン）を引いておきました。

・記述解答が必要な設問については、答えの一部をあらかじめ解答欄に記載しておきました。

学習意欲をはぐくむ工夫をしています。

・解答欄をできるだけ広々と書きやすいよう配慮しています。

・内容を理解するための説明イラストなども多数掲載しています。イラストは色塗りなども楽しめます。

ワークシートの解答例について（お家の方や先生方へ）

本書の解答は、あくまでもひとつの「解答例」です。お子さまに取り組ませる前に、必ず指導される方が問題を解いてください。指導される方の作られた解答をもとに、お子さまの多様な考えに寄り添って○つけをお願いします。

ゆっくり　ていねいに学べる

国語教科書支援ワーク

（光村図書の教材より抜粋）

もくじ　3－①

わかば

名前

● つぎの詩《し》を二回《にかい》読《よ》んで、答《こた》えましょう。

わかば

わかばを見《み》ると
むねが㋐晴《は》れ晴《ば》れする。
ぼくら子《こ》どもも　ほんとは
人間《にんげん》のわかば。
天《てん》が、ほら。
あんなに晴《は》れ晴《ば》れしている。
㋑ぼくらを見《み》まもって……。

※わかば…草《くさ》や木《き》の、生《は》え出《で》たばかりのはっぱ。

（令和二年度版　光村図書　国語三上　わかば　まど・みちお）

(1) ㋐晴《は》れ晴《ば》れとは、どんなようすをあらわすことばですか。〇をつけましょう。

（　）むねがもやもやして、すっきりしないようす。

（　）晴《は》れた日《ひ》のように、明《あか》るくて気《き》もちがいいようす。

(2) ぼくら子《こ》どもも、ほんとは、何《なん》だといっていますか。

(3) 天《てん》のようすをあらわしていることばを、詩《し》の中《なか》の四文字《よんもじ》で書《か》きましょう。

(4) ㋑ぼくらを見《み》まもって……いるのは、何《なん》ですか。一《ひと》つに〇をつけましょう。

（　）わかば

（　）子《こ》ども

（　）天《てん》

どきん

名前

● つぎの詩《し》を二回《にかい》読《よ》んで、答《こた》えましょう。

どきん

谷川《たにかわ》　俊太郎《しゅんたろう》

さわってみようかなあ㋐　つるつる
おしてみようかなあ㋐　ゆらゆら
もすこしおそうかなあ㋐　ぐらぐら
もいちどおそうかあ　がらがら
たおれちゃったよなあ　えへへ
いんりょくかんじるねえ　みしみし
ちきゅうはまわってるう　ぐいぐい
かぜもふいてるよお　そよそよ
あるきはじめるかあ　ひたひた
だれかがふりむいた！　どきん㋑

（令和二年度版　光村図書　国語三上　わかば　谷川　俊太郎）

(1) くりかえしつかわれている、㋐かなあということばは、どんなようすをあらわしていますか。○をつけましょう。

（　）どうしようか、まよっているようす。

（　）はっきりと心《こころ》にきめたようす。

(2) ものがゆれているようすをあらわしていることばを二《ふた》つに○をつけましょう。

（　）つるつる　（　）ゆらゆら

（　）ぐらぐら　（　）がらがら

(3) 風《かぜ》がしずかにふくようすをあらわしていることばを、詩《し》の中《なか》の四文字《よんもじ》で書《か》きましょう。

(4) ㋑どきんは、どんな気《き》もちをあらわしていますか。一《ひと》つに○をつけましょう。

（　）つまらないなあ。

（　）うれしいなあ。

（　）おどろいたなあ。

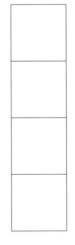

きつつきの商売《しょうばい》　(1)

名前

● つぎの文《ぶん》しょうを二回《にかい》読《よ》んで、答《こた》えましょう。

1

きつつきが、お店《みせ》を開《ひら》きました。

それはもう、きつつきにぴったりのお店《みせ》です。

きつつきは、森中《もりじゅう》の木《き》の中《なか》から、えりすぐりの木《き》を見《み》つけてきて、かんばんをこしらえました。

かんばんにきざんだお店《みせ》の名前《なまえ》は、こうです。

おとや

※えりすぐり…よく考《かんが》えてえらんだ、よいもの。よりすぐり。

2

それだけでは、なんだか分《わ》かりにくいので、きつつきは、その後《あと》に、こう書《か》きました。

「できたての音《おと》、すてきないい音《おと》、お聞《き》かせします。四分音符《しぶおんぷ》一《いっ》こにつき、どれでも百《ひゃく》リル。」

（令和二年度版　光村図書　国語三上　わかば　林原《はやしばら》　玉枝《たまえ》）

1

(1) きつつきが開《ひら》いたお店《みせ》の名前《なまえ》は、何《なん》ですか。

(2) きつつきが、森中《もりじゅう》の木《き》の中《なか》から見《み》つけてきた木《き》でこしらえたものは、何《なん》ですか。

2

(1) きつつきのお店《みせ》では、どんな音《おと》を聞《き》くことができますか。二《ふた》つ書《か》きましょう。

(2) きつつきのお店《みせ》の音《おと》のねだんは、四分音符《しぶおんぷ》一《いっ》こにつき、いくらですか。

きつつきの商売《しょうばい》 (2)

名前

● つぎの文《ぶん》しょうを二回《にかい》読《よ》んで、答《こた》えましょう。

1

〔きつつきが「おとや」という、音《おと》を聞《き》かせるお店《みせ》を開《ひら》きました。〕

「へええ。どれでも百《ひゃく》リル。
どんな音《おと》があるのかしら。」
そう言《い》って、㋐まっさきに
やって来《き》たのは、茶色《ちゃいろ》い耳《みみ》を
ぴんと立《た》てた
野《の》うさぎでした。

2

野《の》うさぎは、きつつきの
さし出《だ》したメニューを
じっくりながめて、
メニューのいちばん
はじっこをゆびさしながら、
「これにするわ。」
と言《い》いました。
ぶなの音《おと》です。

（令和二年度版　光村図書　国語三上　わかば　林原《はやしばら》　玉枝《たまえ》）

1

(1) ㋐まっさきと同《おな》じことをあらわしていることばを、一《ひと》つえらんで○をつけましょう。

（　）さいしょ。いちばん先《さき》。
（　）二番目《にばんめ》。
（　）さいご。いちばんあと。

(2) きつつきのお店《みせ》にまっさきにやって来《き》たのは、だれでしたか。

〔　　　　〕

2

(1) 野《の》うさぎがメニューをじっくりながめたのは、何《なん》のためですか。○をつけましょう。

（　）音《おと》のねだんを見《み》るため。
（　）お店《みせ》にどんな音《おと》があるのかを見《み》て、音《おと》をえらぶため。

(2) 野《の》うさぎがえらんだ音《おと》は、何《なん》の音《おと》でしたか。

〔　　　　〕

きつつきの商売《しょうばい》　(3)

名前

● つぎの文《ぶん》しょうを二回《にかい》読《よ》んで、答《こた》えましょう。

1

〔野《の》うさぎは、きつつきのさし出《だ》したメニューをながめて、ぶなの音《おと》をえらびました。〕

「四《し》分《ぶ》音《おん》符《ぷ》分《ぶん》、ちょうだい。」

「しょうちしました。では、どうぞこちらへ。」

きつつきは、野《の》うさぎをつれて、ぶなの森《もり》にやって来《き》ました。

※しょうちしました…わかりました。

1

(1) 野《の》うさぎは、ぶなの音《おと》をどれだけたのみましたか。一《ひと》つに○をつけましょう。

（　）四分間《よんぷんかん》の長《なが》さの分《ぶん》。

（　）四分音符《しぶおんぷ》の長《なが》さの分《ぶん》。

（　）四回分《よんかいぶん》。

(2) きつつきは、野《の》うさぎをつれて、どこにやって来《き》ましたか。

〔　　　　〕

2

それから、野《の》うさぎを、大《おお》きなぶなの木《き》の下《した》に立《た》たせると、自分《じぶん》は、木《き》のてっぺん近《ちか》くのみきに止《と》まりました。

「㋐さあ、いきますよ、いいですか。」

きつつきは、木《き》の上《うえ》から声《こえ》をかけました。野《の》うさぎは、きつつきを見上《みあ》げて、こっくりうなずきました。

（令和二年度版　光村図書　国語三上　わかば　林原《はやしばら》　玉枝《たまえ》）

2

(1) きつつきは、野《の》うさぎを、どこに立《た》たせましたか。

〔　　　　〕

(2) 「㋐さあ、いきますよ、いいですか。」について、答《こた》えましょう。

① だれが言《い》ったことばですか。

〔　　　　〕

② だれに言《い》ったことばですか。

〔　　　　〕

きつつきの商売《しょうばい》 (4)

名前

● つぎの文《ぶん》しょうを二回《にかい》読《よ》んで、答《こた》えましょう。

1

［きつつきは、野《の》うさぎをつれて、ぶなの森《もり》にやって来《き》ました。］

「では。」

きつつきは、ぶなの木《き》のみきを、くちばしで力《ちから》いっぱいたたきました。

コーン。

ぶなの木《き》の音《おと》が、ぶなの森《もり》にこだましました。

2

野《の》うさぎは、きつつきを見上《みあ》げたまま、だまって聞《き》いていました。うっとり聞《き》いていました。きつつきも、四分音符分《しぶおんぷぶん》よりも、うんと長《なが》い時間《じかん》がすぎてゆきました。

（令和二年度版　光村図書　国語三上　わかば　林原《はやしばら》　玉枝《たまえ》）

1

(1) きつつきは、ぶなの木《き》のみきを、何《なに》で力《ちから》いっぱいたたきましたか。

［　　　　　］

(2) ぶなの木《き》の音《おと》は、どんな音《おと》でしたか。その音《おと》を書《か》きましょう。

［　　　　　］

2

(1) ぶなの木《き》の音《おと》を、だまって聞《き》いていたのは、だれですか。

［　　　　　］

(2) きつつきは、ぶなの木《き》の音《おと》を、どんなようすで聞《き》いていましたか。文《ぶん》の中《なか》のことば四文字《よんもじ》で書《か》きましょう。

□□□□

(3) ぶなの木《き》の音《おと》は、どれぐらいの間《あいだ》、ぶなの森《もり》にこだましていましたか。〇をつけましょう。

（　）四分音符分《しぶおんぷぶん》ちょうどの長《なが》さ。

（　）四分音符分《しぶおんぷぶん》より、うんと長《なが》い時間《じかん》。

本《ほん》は友《とも》だち

図書館《としょかん》たんていだん

名前

(1) 図書館《としょかん》の本《ほん》は、ないようごとに、番号《ばんごう》で分《わ》けてならべられています。
つぎの本《ほん》の分類《ぶんるい》のしかたのれいを見《み》て、つぎの㋐〜㋒の本《ほん》が、0〜9のどの番号《ばんごう》のたなにあるかをよそうして、□に番号《ばんごう》で答《こた》えましょう。

〈本《ほん》の分類《ぶんるい》のしかたのれい〉

番号《ばんごう》	ないよう
0	しらべるための本《ほん》
1	ものの考《かんが》え方《かた》や心《こころ》についての本《ほん》
2	むかしのことや ちいきの本《ほん》
3	社会《しゃかい》のしくみの本《ほん》
4	しぜんにかかわる本《ほん》（星《ほし》・天気《てんき》・動物《どうぶつ》など）
5	ぎじゅつやきかいの本《ほん》（たてもの・電気《でんき》・船《ふね》など）
6	いろいろなしごとの本《ほん》
7	げいじゅつ（絵《え》・音楽《おんがく》など）やスポーツの本《ほん》
8	言葉《ことば》の本《ほん》（日本語《にほんご》・外国語《がいこくご》など）
9	文学《ぶんがく》の本《ほん》（ものがたり・詩《し》など）

※分類《ぶんるい》…ないようやしゅるいによって グループに分《わ》けること。

㋐ ものがたりの本《ほん》。 9

㋑ やきゅうのルールが分《わ》かる本《ほん》。 □

㋒ 星《ほし》の名前《なまえ》が分《わ》かる本《ほん》。 □

(2) つぎの①〜③のぶぶんの名前《なまえ》を、□からえらんで書《か》きましょう。
（ならっていない漢字《かんじ》は、ひらがなで書《か》きましょう。）

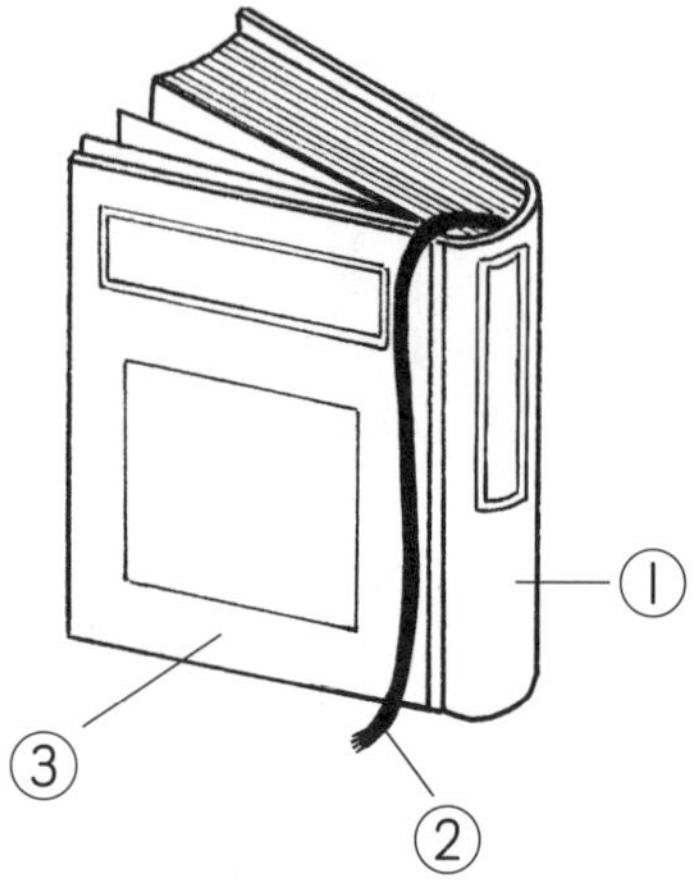

① □

② □

③ □

・しおり ・表紙《ひょうし》 ・背《せ》

国《こく》語《ご》辞《じ》典《てん》を使《つか》おう (1)

名前

(1) 国《こく》語《ご》辞《じ》典《てん》には、図《ず》のように「つめ」があります。つぎの言葉《ことば》を調《しら》べるには、「あ」〜「わ」の、どの「つめ」のところを開《ひら》けばよいでしょうか。「あ」〜「わ」の文字《もじ》で答《こた》えましょう。

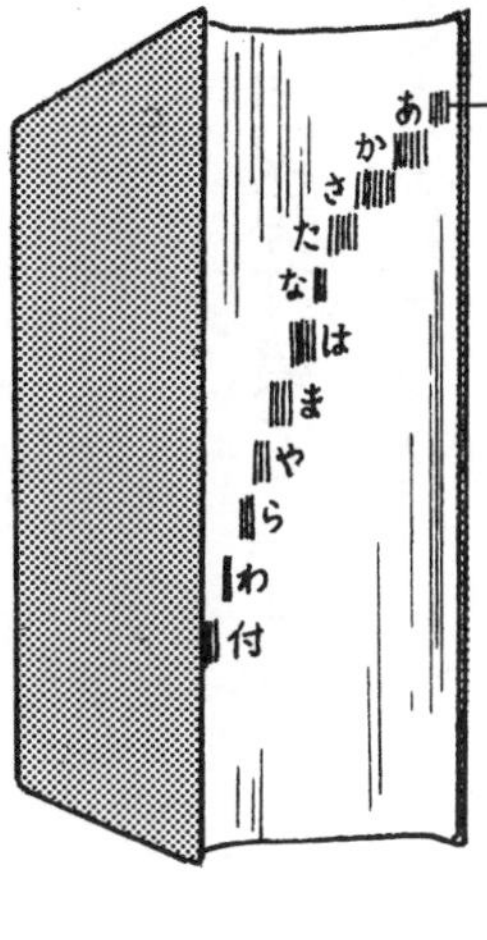

「あ」のところには、「あ行《ぎょう》(あ・い・う・え・お)」を一字目《いちじめ》とする言葉《ことば》がのっている。

〈れい〉ふかい → は のつめ

① ちきゅう → □ のつめ

② うっとり → □ のつめ

③ そうぞう → □ のつめ

(2) つぎの三《みっ》つの言葉《ことば》の意味《いみ》を調《しら》べます。国《こく》語《ご》辞《じ》典《てん》に「見出《みだ》し語《ご》」が出《で》てくる順《じゅん》に、1、2、3の番号《ばんごう》を書《か》きましょう。

見出《みだ》し語《ご》とは、国《こく》語《ご》辞《じ》典《てん》で、行《ぎょう》のはじめに太《ふと》い文字《もじ》で書《か》いてある言葉《ことば》です。見出《みだ》し語《ご》は、「あいうえお…」の五十音順《ごじゅうおんじゅん》にならんでいます。

①
(1) あしか
(2) いるか
(3) うさぎ

②
( ) さくら
( ) あさがお
( ) なのはな

③
( ) ふかい
( ) ひろい
( ) はやい

④
( ) おとな
( ) こども
( ) あかちゃん

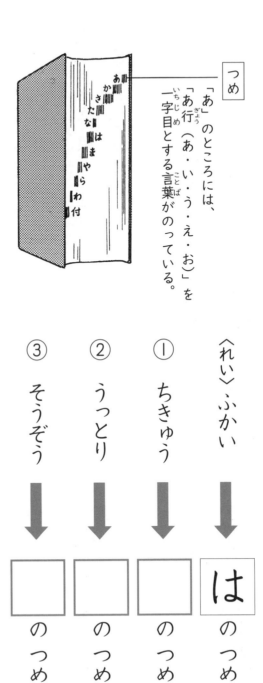

国語《こくご》辞典《じてん》を使《つか》おう (2)

名前

(1) 国語《こくご》辞典《じてん》で「見出《みだ》し語《ご》」が先《さき》に出《で》てくる言葉《ことば》に、○をつけましょう。

一字目《いちじめ》が同《おな》じときは、二字目《にじめ》をくらべます。二字目《にじめ》も同《おな》じときは、三字目《さんじめ》をくらべます。
たとえば、①の問題《もんだい》は、一字目《いちじめ》の「わ」が同《おな》じなので、二字目《にじめ》でくらべて考《かんが》えます。

①
（○）わな
（　）わに

②
（　）からし
（　）かかし

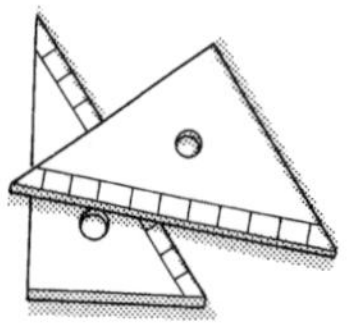

③
（　）さんすう
（　）さんかく

④
（　）きつつき
（　）きつね

(2) 国語《こくご》辞典《じてん》で「見出《みだ》し語《ご》」が出《で》てくる順《じゅん》に、（　）に1、2、3の数字《すうじ》を書《か》きましょう。

①
（2）あし
（3）あめ
（1）あき

②
（　）きまり
（　）きもの
（　）きみどり

③
（　）おおゆき
（　）おおつぶ
（　）おおかみ

④
（　）もち
（　）もちつき
（　）もちあげる

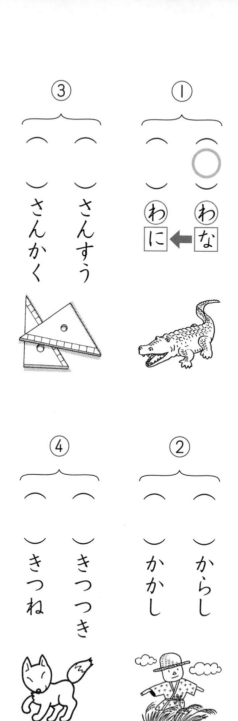

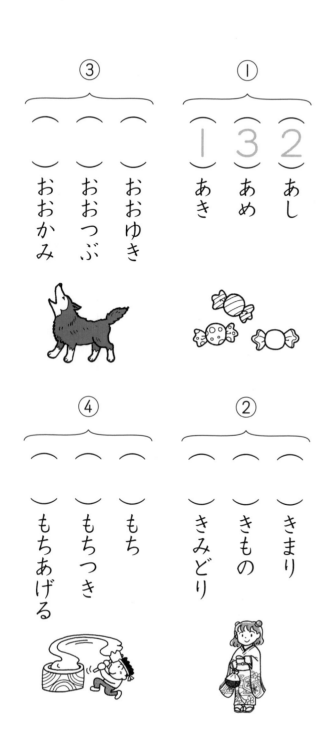

国語《こくご》辞典《じてん》を使《つか》おう (3)

名前

(1) 国語《こくご》辞典《じてん》で「見出《みだ》し語《ご》」が先《さき》に出《で》てくる言葉《ことば》に、○をつけましょう。

見出《みだ》し語《ご》は、「はひふへほ」のような清音《せいおん》
←「ばびぶべぼ（『゛』のつく文字《もじ》）」のような濁音《だくおん》
←「ぱぴぷぺぽ（『゜』のつく文字《もじ》）」のような半濁音《はんだくおん》の順《じゅん》でならんでいます。

①
（　）かき
（　）かぎ

②
（　）ぶた
（　）ふた

③
（　）クラス
（　）グラス

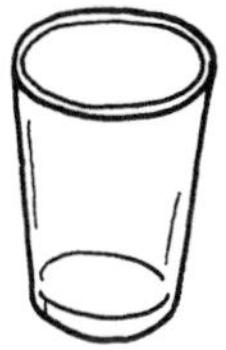

④
（　）かんばん
（　）かんぱん

(2) 国語《こくご》辞典《じてん》で「見出《みだ》し語《ご》」が出《で》てくる順《じゅん》に、（　）に１、２、３の数字《すうじ》を書《か》きましょう。

①
（　）ホール
（　）ポール
（　）ボール

②
（　）ぼろぼろ
（　）ほろほろ
（　）ぽろぽろ

③
（　）べん
（　）ペン
（　）へん

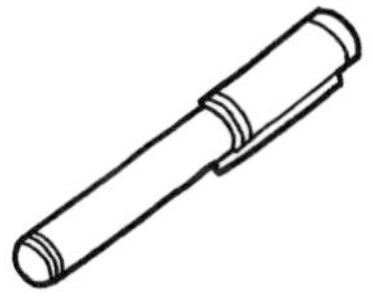

④
（　）ピザ
（　）ビザ
（　）ひざ

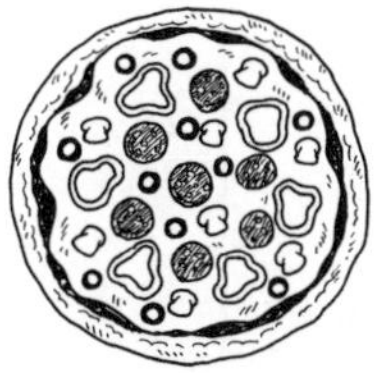

国語《こくご》辞典《じてん》を使《つか》おう (4)

名前

(1) 国語《こくご》辞典《じてん》で「見出《みだ》し語《ご》」が先《さき》に出《で》てくる言葉《ことば》に、○をつけましょう。

カタカナ の のばす音《おん》は、「カード」→「かあど」、「シール」→「しいる」のように、「あ・い・う・え・お」におきかえられて、ならんでいます。

①
( )かど
( )カード（かあど）

②
( )シール（しいる）
( )しおり

③
( )プール（ぷうる）
( )プリン

④
( )こおり
( )ゴール（ごおる）

(2) 国語《こくご》辞典《じてん》で「見出《みだ》し語《ご》」が先《さき》に出《で》てくる言葉《ことば》に、○をつけましょう。

大《おお》きく書《か》くかな → 小《ちい》さく書《か》くかな の順《じゅん》に、ならんでいます。

①
( )じゆう
( )じゅう

②
( )びょういん
( )びよういん

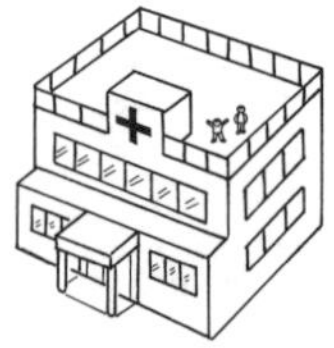

(3) 国語《こくご》辞典《じてん》で「見出《みだ》し語《ご》」が先《さき》に出《で》てくる言葉《ことば》に、○をつけましょう。

ひらがな → カタカナ の順《じゅん》に、ならんでいます。

①
( )クラス
( )くらす

②
( )ぼたん
( )ボタン

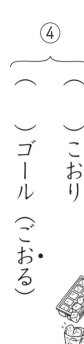

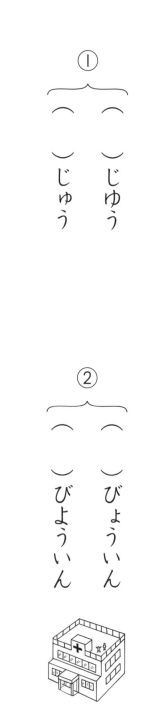

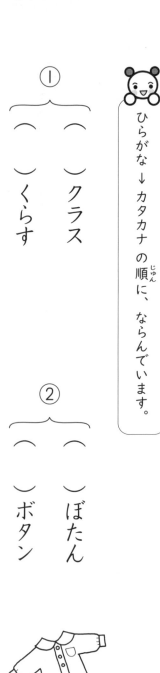

国語《こくご》辞典《じてん》を使《つか》おう (5)

名前

(1) 文《ぶん》の中《なか》で、いろいろに形《かたち》をかえる言葉《ことば》があります。国語《こくご》辞典《じてん》で調《しら》べるとき、つぎの言葉《ことば》の中《なか》から「見出《みだ》し語《ご》」をえらんで、一《ひと》つに○をつけましょう。

いろいろに形《かたち》をかえる言葉《ことば》として、たとえば、「かいた」「かく」「かけば」などがあります。このときは、「かく」で調《しら》べます。「かく」が見出《みだ》し語《ご》です。

① ( )かいた (○)かく ( )かけば

② ( )さがそう ( )さがします ( )さがす

③ ( )ひろかった ( )ひろくなる ( )ひろい

④ ( )きれい ( )きれいで ( )きれいだろう

(2) つぎの――線《せん》の言葉《ことば》を、〈れい〉のように、国語《こくご》辞典《じてん》に出《で》ている形《かたち》になおして書《か》きましょう。

〈れい〉・まどを開《あ》けた。 (開《あ》ける)
・楽《たの》しくあそぶ。 (楽《たの》しい)
・しずかに読《よ》む。 (しずか)

① おじいちゃんに手紙《てがみ》を出《だ》そう。

② 大《おお》きなプールは、ふかかった。

③ まつりの会場《かいじょう》は、にぎやかだ。

国《こく》語《ご》辞《じ》典《てん》を使《つか》おう (6)

名前

● つぎの――線《せん》の言葉《ことば》を、国《こく》語《ご》辞《じ》典《てん》に出《で》ている形《かたち》になおして書《か》きましょう。

① 先生《せんせい》が黒《こく》ばんに図《ず》をかきました。

② きのうは一日中《いちにちじゅう》いそがしかった。

③ きょうの天気《てんき》はおだやかだ。

④ プレゼントを早《はや》くわたしたい。

⑤ 雨《あめ》がひどいから、外《そと》には出《で》ない。

⑥ 漢字《かんじ》をていねいに書《か》く。

⑦ 家《いえ》に帰《かえ》ったら、おやつを食《た》べよう。

⑧ つれた魚《さかな》が大《おお》きくて、うれしい。

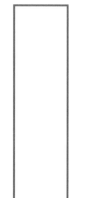

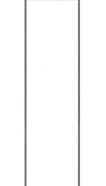

国《こく》語《ご》辞《じ》典《てん》を使《つか》おう (7)

名前

(1) つぎの文《ぶん》について答《こた》えましょう。

毎朝《まいあさ》七時半《しちじはん》に家《いえ》を出《で》ます。

① ――線《せん》の言葉《ことば》を、国語辞典《こくごじてん》に出《で》ている形《かたち》になおして書《か》きましょう。

② ――線《せん》の言葉《ことば》の意味《いみ》をえらんで、一《ひと》つに○をつけましょう。

（　）意味《いみ》①　内《うち》がわから外《そと》がわへ行《い》く。　〈①のれい文《ぶん》〉にわに出《で》る。

（　）意味《いみ》②　しゅっぱつする。　〈②のれい文《ぶん》〉電車《でんしゃ》がえきを出《で》る。

（　）意味《いみ》③　しゅっせきする。　〈③のれい文《ぶん》〉じゅぎょうに出《で》る。

それぞれの意味《いみ》の〈れい文《ぶん》〉をたすけに、考《かんが》えてみよう。

(2) つぎの文《ぶん》について答《こた》えましょう。

朝早《あさはや》くおきて、ゆっくり食《しょく》じをとろう。

① ――線《せん》の言葉《ことば》を、国語辞典《こくごじてん》に出《で》ている形《かたち》になおして書《か》きましょう。

② ――線《せん》の言葉《ことば》の意味《いみ》をえらんで、一《ひと》つに○をつけましょう。

（　）意味《いみ》①　手《て》にもつ。　〈①のれい文《ぶん》〉本《ほん》をとる。

（　）意味《いみ》②　とりのぞく。　〈②のれい文《ぶん》〉にわの草《くさ》をとる。

（　）意味《いみ》③　食《た》べたりのんだりする。　〈③のれい文《ぶん》〉夕食《ゆうしょく》をとる。

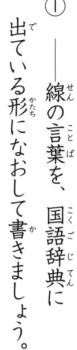

国語《こくご》辞典《じてん》を使《つか》おう (8)

名前

(1) つぎの文章《ぶんしょう》を読《よ》んで、答《こた》えましょう。

日曜日《にちようび》に、おじいちゃんに合《あ》いにいきました。

おじいちゃんの家《いえ》は、さかの上《うえ》にありましたが、さか道《みち》は [ア] だったので、ぼくは平気《へいき》でした。

① ——線《せん》の漢字《かんじ》はまちがっています。正《ただ》しい漢字《かんじ》を□に書《か》きましょう。

［□］いにいきました。

② [ア] に入《はい》る言葉《ことば》のほうに○をつけましょう。

（　）なだらか
（　）さわやか

「なだらか」は、かたむきがゆるやかなようすのことだよ。

(2) つぎの文章《ぶんしょう》を読《よ》んで、答《こた》えましょう。

あこがれの気車《きしゃ》にのるためのきっぷを、おばあちゃんが買《か》ってくれました。
そのきっぷをもらった日《ひ》から、ずっと、[イ] しています。

① ——線《せん》の漢字《かんじ》はまちがっています。正《ただ》しい漢字《かんじ》を□に書《か》きましょう。

［□車］にのる

② [イ] に入《はい》る言葉《ことば》を一《ひと》つえらんで、○をつけましょう。

（　）ざわざわ
（　）わくわく
（　）もやもや

きせつの言葉《ことば》1

春《はる》のくらし (1)

名前

● つぎの詩《し》を二回《にかい》読《よ》んで、答《こた》えましょう。

みどり

内田《うちだ》　麟《りん》太郎《たろう》

みどり　㋐まみどり
㋑こいみどり
㋒はるの　のやまは
よりどりみどり
みどりの　ことり
みどりに　かくれ
さがせど　さがせど
㋓こえばかり

※さがせど　さがせど…さがしても、さがしても、見《み》つからないようす。

（令和二年度版　光村図書　国語三上　わかば　内田　麟太郎）

(1) ㋐まみどりの、「ま」と同《おな》じ意味《いみ》を表《あらわ》す「ま」がつく言葉《ことば》を二《ふた》つえらんで、〇をつけましょう。

（　）まっか　（　）まつ毛《げ》

（　）まつり　（　）まっくろ

(2) ㋑こいみどりの、「こい」とはんたいの意味《いみ》の言葉《ことば》に、〇をつけましょう。

（　）ほそい　（　）うすい

(3) ㋒はるの　のやまは、どんなようすだと考《かんが》えられますか。

草木《くさき》の、さまざまな［　　　　］色《いろ》のわかばでおおわれているようす。

(4) ㋓こえばかりとは、何《なん》の声《こえ》ばかりが聞《き》こえるというのですか。

［　　　　　　　　］

(5) ㋓こえばかり聞《き》こえるのは、どうしてですか。

みどり色《いろ》の小鳥《ことり》が、野山《のやま》のみどり色《いろ》にうまく［　　　　］ているから。

きせつの言葉《ことば》1

春《はる》のくらし (2)

名前

春《はる》とは、三月《さんがつ》、四月《しがつ》、五月《ごがつ》ごろのきせつです。

(1) 春《はる》にかんけいのあるやさいを三《みっ》つえらんで、○をつけましょう。

（　）春《はる》キャベツ　（　）新《しん》じゃが
（　）さつまいも　（　）きゅうり
（　）だいこん　（　）新玉《しんたま》ねぎ

春《はる》には、「新《しん》」や「春《はる》」がつくやさいが、よく食《た》べられます。

(2) 春《はる》によくとれる山菜《さんさい》や、野原《のはら》で見《み》かける草《くさ》などの食《た》べ物《もの》を三《みっ》つえらんで、○をつけましょう。

（　）よもぎ　（　）すすき
（　）くり　（　）たけのこ
（　）わらび　（　）いちょう

(3) 春《はる》にかんけいのある言葉《ことば》を一《ひと》つえらんで、○をつけましょう。

（　）いねかり　（　）たねまき
（　）月見《つきみ》　（　）豆《まめ》まき

(4) 春《はる》にかんけいのある、つぎの言葉《ことば》にあてはまるせつめいを――線《せん》でむすびましょう。

① なえ　・　　・　草木《くさき》のめが出《で》はじめること。
② めばえ　・　　・　たねからめを出《だ》したばかりの、やさいや草木《くさき》のこと。

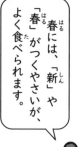

漢字《かんじ》の音《おん》と訓《くん》 (1)

名前

● 次《つぎ》の文章《ぶんしょう》を二回《にかい》読《よ》んで、答《こた》えましょう。

> 今日《きょう》は、㋐朝早くおきて、ゆっくり㋑朝食をとった。

漢字《かんじ》の読《よ》み方《かた》には、「音《おん》」と「訓《くん》」があります。「朝」をれいに見《み》てみましょう。

朝

(音《おん》) チョウ　朝食《ちょうしょく》　早朝《そうちょう》

(訓《くん》) あさ　朝《あさ》　朝顔《あさがお》

「チョウ」のような「音《おん》」は、聞《き》いただけでは意味《いみ》の分《わ》かりにくいものが多《おお》く、「あさ」のような「訓《くん》」には、聞《き》いてすぐに意味《いみ》の分《わ》かるものがたくさんあります。

(令和二年度版　光村図書　国語三上　わかば　「漢字の音と訓」による)

(1) ㋐朝早くと、㋑朝食の、それぞれの漢字《かんじ》の読《よ》み方《かた》を、ひらがなで書《か》きましょう。

㋐ 朝早く　［　　　　］く

㋑ 朝食　［　　　　］

(2) （　）にあてはまる言葉《ことば》を書《か》きましょう。

漢字《かんじ》の読《よ》み方《かた》には、「（　　）」と「（　　）」の二《ふた》とおりの読《よ》み方《かた》があります。

(3) 次の①、②の文章《ぶんしょう》は、「音《おん》」と「訓《くん》」のどちらの読《よ》み方《かた》のせつめいですか。――線《せん》でむすびましょう。

① 聞《き》いただけで意味《いみ》の分《わ》かるものが多《おお》い。　・　　・　音《おん》

② 聞《き》いただけでは意味《いみ》の分《わ》かりにくいものが多《おお》い。　・　　・　訓《くん》

漢字《かんじ》の音《おん》と訓《くん》 (2)

名前

(1) 次《つぎ》の漢字《かんじ》の読《よ》み方《かた》は、「音《おん》」・「訓《くん》」のどちらですか。○でかこみましょう。

たとえば、「朝」の漢字《かんじ》のように、「音《おん》」は、聞《き》いただけでは意味《いみ》が分《わ》かりにくいものが多《おお》く、「訓《くん》」は、聞《き》いてすぐに意味《いみ》の分《わ》かるものがたくさんあります。

朝

ちょう【音《おん》】

あさ【訓《くん》】

① 山

さん【音《おん》・訓《くん》】

やま【音《おん》・訓《くん》】

② 水

みず【音《おん》・訓《くん》】

すい【音《おん》・訓《くん》】

(2) ——線《せん》の漢字《かんじ》の読《よ》みがなを（　）にひらがなで書《か》きましょう。また、同《おな》じ漢字《かんじ》のそれぞれの読《よ》み方《かた》は、「音《おん》」・「訓《くん》」のどちらですか。○でかこみましょう。

①

きゅうきゅう車（　　）が走《はし》る。

大《おお》きな黒《くろ》い車（　　）がとまっている。

車【音《おん》・訓《くん》】

車【音《おん》・訓《くん》】

②

校長先生《こうちょうせんせい》の話（　　）をきく。

友《とも》だちとの会話《かいわ》（　　）は、楽《たの》しい。

話【音《おん》・訓《くん》】

話【音《おん》・訓《くん》】

漢字《かんじ》の音《おん》と訓《くん》 (3)

名前

(1) 次《つぎ》の言葉《ことば》の読《よ》みがなを（　）にひらがなで書《か》きましょう。また、その言葉《ことば》の中《なか》の——線《せん》の漢字《かんじ》の読《よ》み方《かた》は「音《おん》」・「訓《くん》」のどちらですか。○でかこみましょう。

① 半年（はんとし）　年【音《おん》・訓《くん》】

新年（　　）　年【音《おん》・訓《くん》】

② 親友（　　）　親【音《おん》・訓《くん》】

母親（　　）　親【音《おん》・訓《くん》】

(2) ——線《せん》の漢字《かんじ》の読《よ》みがなを（　）にひらがなで書《か》きましょう。また、その言葉《ことば》の中《なか》の、それぞれの漢字《かんじ》の読《よ》み方《かた》は「音《おん》」・「訓《くん》」のどちらですか。○でかこみましょう。

① えきのそばに、とても大《おお》きな公園（　　）がある。

公【音《おん》・訓《くん》】　園【音《おん》・訓《くん》】

② 図書館《としょかん》までの近道（　　）を妹《いもうと》に教《おし》えた。

近【音《おん》・訓《くん》】　道【音《おん》・訓《くん》】

③ 毎朝（　　）、ピアノのれんしゅうをする。

毎【音《おん》・訓《くん》】　朝【音《おん》・訓《くん》】

漢字《かんじ》の音《おん》と訓《くん》 (4)

名前

● ――線《せん》の漢字《かんじ》の読《よ》みがなを、「音読《おんよ》み」はカタカナで、「訓読《くんよ》み」はひらがなで書《か》きましょう。

①
ぼくは、学校《がっこう》へ行く。
次《つぎ》の文《ぶん》は、行をかえて書《か》こう。

行く	行
い　く	ギョウ

②
きょうは、図画工作《ずがこうさく》の時間がある。
電車《でんしゃ》をまつ間に、本《ほん》を読《よ》む。

時間	間

③
女《おんな》の子《こ》の人数《にんずう》が、男《おとこ》の子《こ》より少ない。
少女は、犬《いぬ》のさんぽに出《で》かけた。

少ない	少女
ない	

④
あしたの遠足が楽《たの》しみだ。
おばあちゃんは、遠いところにすんでいる。

遠足	遠い
	い

漢字《かんじ》の音《おん》と訓《くん》 ⑸

名前

● 線《せん》の漢字《かんじ》の読《よ》みがなをひらがなで書《か》きましょう。

① 二《に》ひきの小さなかわいいうさぎを、小学校でかっている。

② 三回ちょうせんして、やっとこまをうまく回すことができた。

③ 地下へとつづくかいだんを下りる。

④ 大《おお》きな紙《かみ》を切るとき、友《とも》だちが親切にてつだってくれた。

⑤ 音楽の時《じ》間《かん》に、みんなで楽しく歌《うた》を歌《うた》った。

⑥ 二人《ふたり》で数をなんども数えて、合計《ごうけい》の点数をたしかめた。

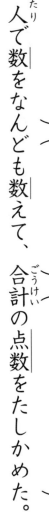

もっと知《し》りたい、友《とも》だちのこと

名前

教科書《きょうかしょ》の「もっと知《し》りたい、友《とも》だちのこと」を読《よ》んで、答《こた》えましょう。

● 友《とも》だちが家《いえ》でかっているクマノミという魚《さかな》について、話《はなし》をしてくれました。お話《はなし》の文章《ぶんしょう》を読《よ》んで、①〜③のことをたずねたいときのしつもんの文《ぶん》を、（　）の言葉《ことば》を使《つか》って書《か》きましょう。

わたしが大切《たいせつ》にしているのは、家《いえ》でかっているクマノミです。クマノミは、オレンジ色《いろ》に、白《しろ》いおびのようなもようがある、きれいな魚《さかな》です。見《み》ていると、いつも明《あか》るい気《き》もちになります。とくに、えさを食《た》べているところがかわいくて、大《だい》すきです。これからも大切《たいせつ》にしたいです。

〈れい〉クマノミの数《かず》。（何《なん》びき）

クマノミを何《なん》びきかっていますか。

① クマノミの大《おお》きさ。（どれぐらい）

② クマノミをかいはじめたとき。（いつから）

③ クマノミをかいはじめた理由《りゆう》。（どうして）

（令和二年度版　光村図書　国語三上　わかば「もっと知りたい、友だちのこと」による）

きちんとつたえるために

名前

● 次《つぎ》の四《よん》コマまんがを読《よ》んで、答《こた》えましょう。

(1) ゆうこさんとなおさんの話《はなし》が食《く》いちがってしまったのは、どうしてですか。一《ひと》つに○をつけましょう。

（　）ゆうこさんが、いちばんすきな花《はな》の名前《なまえ》を知《し》らなかったため。

（　）二人《ふたり》とも「何《なに》がきれいだったか」ということを、つたえていなかったため。

（　）二人《ふたり》とも「どうしてきれいだと思《おも》ったか」を、つたえていなかったため。

(2) 二人《ふたり》は、2の場面《ばめん》で、きちんとつたえるためにそれぞれどのように言《い》えばよかったのでしょうか。（　）にあてはまる言葉《ことば》を□からえらんで書《か》きましょう。

ゆうこさん「（　　）が、きれいだったね。」

なおさん「きれいな（　　）だったね。いろいろな色《いろ》の（　　）が、あったね。」

・花《はな》たば
・洋服《ようふく》
・花《はな》

言葉《ことば》で遊《あそ》ぼう (1)

名前

● 次《つぎ》の文章《ぶんしょう》を二回《にかい》読《よ》んで、答《こた》えましょう。

① みなさんは、
しりとりや早口言葉《はやくちことば》で
遊《あそ》んだことがありますか。
これらは、古《ふる》くから
多《おお》くの人《ひと》に親《した》しまれている
言葉遊《ことばあそ》びです。
言葉遊《ことばあそ》びには、ほかに
どのようなものが
あるのでしょうか。
また、どのような楽《たの》しさが
あるのでしょうか。

（令和二年度版　光村図書　国語三上　わかば　小野《おの》　恭靖《みつやす》）

(1) 古《ふる》くから多《おお》くの人《ひと》に親《した》しまれている言葉遊《ことばあそ》びの名前《なまえ》を、文章《ぶんしょう》の中《なか》から二《ふた》つ書《か》きましょう。

(2) 上《うえ》の文章《ぶんしょう》から、次《つぎ》の言葉《ことば》につづく「問《と》い」の文《ぶん》（たずねている文《ぶん》）を、二《ふた》つ書《か》き出《だ》しましょう。

言葉遊《ことばあそ》びには、

言葉遊《ことばあそ》びには、

言葉《ことば》で遊《あそ》ぼう　(2)

名前

● 次《つぎ》の文章《ぶんしょう》を二回《にかい》読《よ》んで、答《こた》えましょう。

1

②　にた音《おと》や同《おな》じ音《おと》の言葉《ことば》を使《つか》って文《ぶん》を作《つく》るのが、㋐しゃれです。

たとえば、

「ふとんがふっとんだ。」

「イクラはいくらだ。」が

そうです。しゃれは、「ふとん」と「ふっとんだ」や、食《た》べ物《もの》の「イクラ」と数《かず》やねだんをたずねる「いくら」のように、にた音《おと》や同《おな》じ音《おと》の言葉《ことば》を使《つか》って作《つく》られます。

2

言葉《ことば》には、にた音《おと》や同《おな》じ音《おと》であっても、意味《いみ》がちがうものがあります。

しゃれには、言葉《ことば》のもつ音《おと》と意味《いみ》とを組《く》み合《あ》わせるという楽《たの》しさがあるのです。

（令和二年度版　光村図書　国語三上　わかば　小野《おの》　恭靖《みつやす》）

1

(1) ②の段落《だんらく》（上《うえ》の1と2の文章《ぶんしょう》）でせつめいしているのは、何《なん》という言葉《ことば》遊《あそ》びについてですか。

［　　　　］

(2) ㋐しゃれは、どんな言葉《ことば》を使《つか》って、文《ぶん》を作《つく》るものですか。

［　　　　］や［　　　　］の言葉《ことば》。

(3) にた音《おと》の言葉《ことば》を使《つか》った㋐しゃれのれいに、○をつけましょう。

（　）ふとんがふっとんだ。

（　）イクラはいくらだ。

2

しゃれには、どのような楽《たの》しさがありますか。文章《ぶんしょう》の中《なか》からあてはまる言葉《ことば》を書《か》き出《だ》しましょう。

［　　　　］という楽《たの》しさ。

言葉《ことば》で遊《あそ》ぼう (3)

名前

● 次《つぎ》の文章《ぶんしょう》を二回《にかい》読《よ》んで、答《こた》えましょう。

[1]

③ 上《うえ》から読《よ》んでも下《した》から読《よ》んでも同《おな》じになる言葉《ことば》や文《ぶん》が、回文《かいぶん》です。回文《かいぶん》には、「きつつき」や「しんぶんし」のような短《みじか》い言葉《ことば》もあれば、「わたしたわしわたしたわ。」のように長《なが》い文《ぶん》のものもあります。

[2]

回文《かいぶん》になっている言葉《ことば》や文《ぶん》を見《み》つけたり、自分《じぶん》で作《つく》ったりする楽《たの》しさがあります。回文《かいぶん》は、長《なが》くなればなるほど、作《つく》るのがむずかしくなりますが、できたときのうれしさも大《おお》きくなります。

（令和二年度版　光村図書　国語三上　わかば　小野《おの》恭靖《みつやす》）

[1]

(1) ③の段落《だんらく》（上《うえ》の[1]と[2]の文章《ぶんしょう》）でせつめいしているのは、何《なん》という言葉遊《ことばあそ》びについてですか。

［　　　　］

(2) 回文《かいぶん》は、どのような言葉遊《ことばあそ》びですか。

［　　　　］同《おな》じになる言葉《ことば》や文《ぶん》。

[2]

(1) 回文《かいぶん》には、どのような楽《たの》しさがありますか。二《ふた》つに○をつけましょう。

（　）回文《かいぶん》を音読《おんどく》する楽《たの》しさ。

（　）回文《かいぶん》になっている言葉《ことば》や文《ぶん》を見《み》つける楽《たの》しさ。

（　）回文《かいぶん》を自分《じぶん》で作《つく》る楽《たの》しさ。

(2) 回文《かいぶん》は、長《なが》くなればなるほど、どうなりますか。二《ふた》つ書《か》きましょう。

［　　　　］のがむずかしくなる。

できたときの［　　　　］は、大《おお》きくなる。

言葉《ことば》で遊《あそ》ぼう ⑷

名前

● 次《つぎ》の文章《ぶんしょう》を二回《にかい》読《よ》んで、答《こた》えましょう。

1

④ 言葉《ことば》を作《つく》っている文字《もじ》の順番《じゅんばん》をならべかえて、べつの言葉《ことば》を作《つく》るのが、アナグラムです。

たとえば、「とけい」をならべかえると、「けいと」という言葉《ことば》ができますし、「くつみがき」をならべかえると、「実《み》がつく木《き》」というひとまとまりの言葉《ことば》ができます。

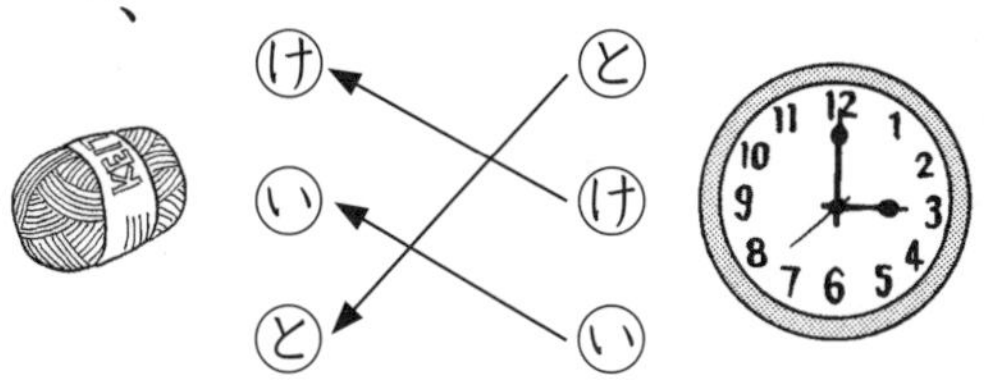

2

アナグラムには、元《もと》の言葉《ことば》とは全《まった》くちがう意味《いみ》の言葉《ことば》を作《つく》る楽《たの》しさがあるのです。

（令和二年度版　光村図書　国語三上　わかば　小野《おの》　恭靖《みつやす》）

1

⑴ ④の段落《だんらく》（上《うえ》の1と2の文章《ぶんしょう》）でせつめいしているのは、何《なん》という言葉遊《ことばあそ》びについてですか。

⑵ アナグラムは、どのような言葉遊《ことばあそ》びですか。
（ならっていない漢字《かんじ》は、ひらがなで書《か》きましょう。）

言葉《ことば》を作《つく》っている文字《もじ》の［　　］をならべかえて、［　　］を作《つく》る。

⑶ 「けいと」は、何《なん》という言葉《ことば》をならべかえて作《つく》った、アナグラムのれいですか。

2

アナグラムには、どのような楽《たの》しさがありますか。文章《ぶんしょう》の中《なか》から書《か》き出《だ》しましょう。

言葉《ことば》で遊《あそ》ぼう (5)

名前

● 次《つぎ》の文章《ぶんしょう》を二回《にかい》読《よ》んで、答《こた》えましょう。

1

⑤　このように、言葉《ことば》遊《あそ》びにはいろいろあり、それぞれに楽《たの》しさがあります。言葉《ことば》遊《あそ》びをするのには、とくべつなどうぐや、広《ひろ》い場所《ばしょ》は　いりません。ふだん使《つか》っている言葉《ことば》だけで、楽《たの》しい時間《じかん》をすごすことができるのです。

2

人々《ひとびと》は、昔《むかし》から言葉《ことば》遊《あそ》びを通《とお》して、言葉《ことば》のおもしろさにふれてきました。あなたも、言葉《ことば》遊《あそ》びを楽《たの》しんでみましょう。

（令和二年度版　光村図書　国語三上　わかば　小野《おの》　恭靖《みつやす》）

1

(1) ⑤の段落《だんらく》（上《うえ》の1と2の文章《ぶんしょう》）は、言葉《ことば》遊《あそ》びについてこれまでせつめいしてきたことをまとめた段落《だんらく》です。せつめい文《ぶん》のまとめのはじめによく使《つか》われている言葉《ことば》を五文字《ごもじ》で書《か》き出《だ》しましょう。

(2) 言葉《ことば》遊《あそ》びをするとき、何《なに》があれば、楽《たの》しい時間《じかん》がすごせると書《か》いていますか。いるものに○、いらないものに×をつけましょう。

（　）とくべつな　どうぐ。

（　）広《ひろ》い場所《ばしょ》。

（　）ふだん使《つか》っている言葉《ことば》。

2

昔《むかし》から人々《ひとびと》が言葉《ことば》遊《あそ》びを通《とお》してふれてきたものは、何《なん》ですか。

こまを楽《たの》しむ　(1)

名前

● 次《つぎ》の文章《ぶんしょう》を二回《にかい》読《よ》んで、答《こた》えましょう。

1

〔日本《にほん》は、世界《せかい》でいちばんこまのしゅるいが多《おお》い国《くに》だといわれています。〕

色《いろ》がわりごまは、回《まわ》っているときの色《いろ》を楽《たの》しむこまです。

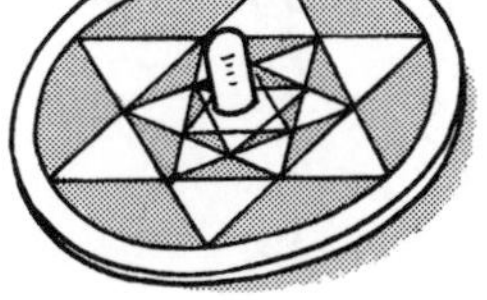

2

こまの表面《ひょうめん》には、もようがえがかれています。ひねって回《まわ》すと、もように使《つか》われている色《いろ》がまざり合《あ》い、元《もと》の色《いろ》とちがう色《いろ》にかわるのがとくちょうです。同《おな》じこまでも、回《まわ》すはやさによって、見《み》える色《いろ》がかわってきます。

（令和二年度版　光村図書　国語三上　わかば　安藤《あんどう》　正樹《まさき》）

1

(1) 上《うえ》の1、2の文章《ぶんしょう》は、何《なん》というこまについてせつめいしていますか。

(2) このこまは、何《なに》を楽《たの》しむこまですか。

2

(1) こまの表面《ひょうめん》にえがかれているものは、何《なん》ですか。

(2) 色《いろ》がわりごまのとくちょうとしてあてはまるものに○をつけましょう。

(　)回《まわ》しても、もようの色《いろ》がそのまままきれいに見《み》える。

(　)回《まわ》すと、元《もと》の色《いろ》とちがう色《いろ》にかわる。

(3) 同《おな》じ色《いろ》がわりごまでも、何《なに》によって、見《み》える色《いろ》がかわってきますか。

こまを楽《たの》しむ ⑵

名前

● 次《つぎ》の文章《ぶんしょう》を二回《にかい》読《よ》んで、答《こた》えましょう。

1

鳴《な》りごまは、回《まわ》っているときの音《おと》を楽《たの》しむこまです。

2

こまのどうは大《おお》きく、中《なか》がくうどうになっていて、どうの横《よこ》には、細長《ほそなが》いあなが空《あ》いています。ひもを引《ひ》っぱって回《まわ》すと、あなから風《かぜ》が入《はい》りこんで、ボーッという音《おと》が鳴《な》ります。その音《おと》から、うなりごまともよばれています。

※どう…物《もの》の、まん中《なか》のぶぶん。
※くうどう…中《なか》に何《なに》もなく、からっぽなこと。

（令和二年度版　光村図書　国語三上　わかば　安藤《あんどう》　正樹《まさき》）

1

⑴ 上《うえ》の1、2の文章《ぶんしょう》は、何《なん》というこまについてせつめいしていますか。

⑵ このこまは、何《なに》を楽《たの》しむこまですか。

2

⑴ 鳴《な》りごまのどうのつくりについてあてはまるもの二《ふた》つに、○をつけましょう。

（　）大《おお》きなどうの中《なか》はくうどうになっている。
（　）あなが一《ひと》つも空《あ》いていない。
（　）横《よこ》にあなが空《あ》いている。

⑵ 鳴《な》りごまを回《まわ》すと、どんな音《おと》が鳴《な》りますか。

という音《おと》。

⑶ 鳴《な》りごまは、その音《おと》から何《なん》とよばれることがありますか。

こまを楽《たの》しむ ⑶

名前

● 次《つぎ》の文章《ぶんしょう》を二回《にかい》読《よ》んで、答《こた》えましょう。

1

さか立《だ》ちごまは、
とちゅうから
回《まわ》り方《かた》がかわり、
その動《うご》きを楽《たの》しむ
こまです。

2

このこまは、ボールのような丸《まる》いどうをしています。指《ゆび》で心《しん》ぼうをつまんで、いきおいよく回《まわ》すと、はじめはふつうに回《まわ》るのですが、回《まわ》っていくうちに、だんだんかたむいていきます。そして、さいごは、さかさまにおき上《あ》がって回《まわ》ります。

※心《しん》ぼう…回《まわ》る物《もの》の、じくになっているぼう。

（令和二年度版　光村図書　国語三上　わかば　安藤《あんどう》　正樹《まさき》）

1

⑴ 上《うえ》の1、2の文章《ぶんしょう》は、何《なん》というこまについてせつめいしていますか。

⑵ このこまは、何《なに》を楽《たの》しむこまですか。○をつけましょう。

（　）はじめからさかさまで回《まわ》るところ。

（　）とちゅうから回《まわ》り方《かた》がかわる動《うご》き。

2

⑴ さか立《だ》ちごまのどうは、どんな形《かたち》をしていますか。

［　　］のような丸《まる》い形《かたち》。

⑵ さか立《だ》ちごまを回《まわ》すと、次《つぎ》の①〜③のとき、どのように回《まわ》りますか。

① はじめ
［　　］に回《まわ》る。

② とちゅう
だんだん［　　］いく。

③ さいご
［　　］におき上《あ》がって回《まわ》る。

こまを楽《たの》しむ (4)

名前

● 次《つぎ》の文章《ぶんしょう》を二回《にかい》読《よ》んで、答《こた》えましょう。

1

たたきごまは、
たたいて
回《まわ》しつづけることを
楽《たの》しむこまです。

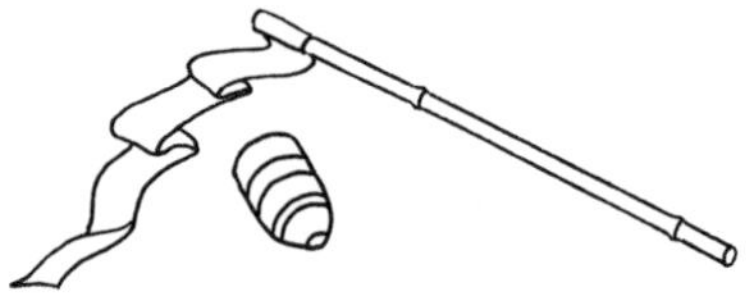

2

このこまのどうは、
細長《ほそなが》い形《かたち》をしています。
手《て》やひもを使《つか》って回《まわ》した後《あと》、
どうの下《した》のぶぶんを
むちでたたいて、
かいてんを
くわえます。
止《と》まらないように、
上手《じょうず》にたたいて力《ちから》を
つたえることで、
長《なが》く回《まわ》して楽《たの》しみます。

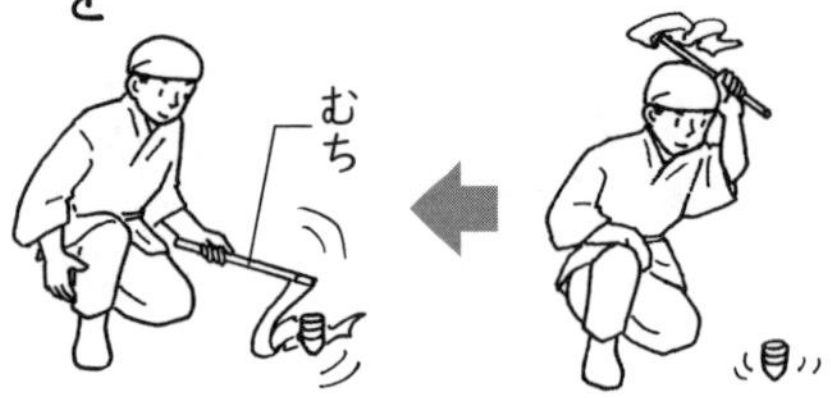

（令和二年度版　光村図書　国語三上　わかば　安藤《あんどう》　正樹《まさき》）

1

(1) 上《うえ》の1、2の文章《ぶんしょう》は、何《なん》という
こまについてせつめいしていますか。

(2) このこまは、何《なに》を楽《たの》しむ
こまですか。

2

(1) たたきごまのどうは、どんな
形《かたち》をしていますか。

(2) たたきごまのどうの下《した》のぶぶんを
たたいてかいてんをくわえるとき、何《なに》を
使《つか》いますか。一《ひと》つに○をつけましょう。

（　）手《て》
（　）ひも
（　）むち

(3) たたきごまは、どうすることで、
長《なが》く回《まわ》して楽《たの》しめますか。

上手《じょうず》にたたいて

こと。

じょうほう

全体《ぜんたい》と中心《ちゅうしん》

名前

● 文章全体《ぶんしょうぜんたい》を見《み》て、お話《はなし》の中心《ちゅうしん》がどこかを考《かんが》えます。次《つぎ》の校長先生《こうちょうせんせい》のお話《はなし》の文章《ぶんしょう》を二回《にかい》読《よ》んで、答《こた》えましょう。

五月《ごがつ》になりましたが、
新《あたら》しい学年《がくねん》には なれましたか。
どんどん楽《たの》しい学校《がっこう》にして
いきたいですね。
それでは、学校《がっこう》のみんなで
楽《たの》しく生活《せいかつ》するには、
どうしたらいいのでしょうか。
遊《あそ》んだり、歌《うた》を歌《うた》ったり
するのもいいでしょう。
でも、大切《たいせつ》なのは、
あいさつです。あいさつは、
したほうも、されたほうも
気《き》もちよくなりますね。
まずは、毎日《まいにち》のあいさつから
はじめましょう。

（令和二年度版　光村図書　国語三上　わかば「全体と中心」による）

(1) 文章全体《ぶんしょうぜんたい》から、その文章《ぶんしょう》の中心《ちゅうしん》がどこかを考《かんが》えるとき、何《なに》を見《み》つけることが手《て》がかりになりますか。二《ふた》つに○をつけましょう。

（　）「問《と》い」
（　）「きせつの言葉《ことば》」
（　）「答《こた》え」

(2) 上《うえ》の文章《ぶんしょう》の中心《ちゅうしん》を考《かんが》えるとき、「問《と》い」の文《ぶん》は、どの文《ぶん》ですか。文章《ぶんしょう》の中《なか》から書《か》き出《だ》しましょう。

学校《がっこう》のみんなで

(3) 上《うえ》の文章《ぶんしょう》の、「問《と》い」の文《ぶん》にたいする「答《こた》え」の文《ぶん》は、どの文《ぶん》ですか。○をつけましょう。

（　）遊《あそ》んだり、歌《うた》を歌《うた》ったりするのもいいでしょう。
（　）大切《たいせつ》なのは、あいさつです。

「問《と》い」にたいする、この「答《こた》え」が、このお話《はなし》の中心《ちゅうしん》（言《い》いたいこと）になります。

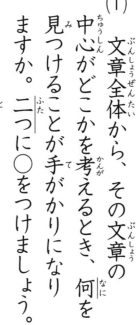

気《き》もちをこめて「来《き》てください」(1)

名前

(1) 次《つぎ》の①、②の文章《ぶんしょう》は、学校《がっこう》行事《ぎょうじ》のあんないの手紙《てがみ》を書《か》くとき、はじめに考《かんが》えることをせつめいしています。（　）にあてはまる言葉《ことば》を［　］からえらんで書《か》きましょう。

① だれに、何《なん》の行事《ぎょうじ》を（　　　）したいか考《かんが》え、書《か》く相手《あいて》を決《き》める。

② 相手《あいて》に来《き》てもらうために、次《つぎ》のつたえること㋐〜㋒を考《かんが》える。

㋐ いつ、（　　　）、何《なに》をするのか。

㋑（　　　）のせつめいや自分《じぶん》がすること。

㋒ ぜひ来《き》てほしいという（　　　）。

・行事《ぎょうじ》　・気《き》もち
・どこで　・お知《し》らせ

(2) 森川《もりかわ》さんは、運動会《うんどうかい》のお知《し》らせを、ほいく園《えん》の高村先生《たかむらせんせい》に書《か》くことにしました。

まず、つたえることをメモに整理《せいり》します。（　）にあてはまる言葉《ことば》を［　］からえらんで書《か》きましょう。

・メモ

行事《ぎょうじ》：（　　　）
相手《あいて》：高村《たかむら》みちる先生《せんせい》

（　　　）	五月三十日《ごがつさんじゅうにち》（土《ど》）午前九時《ごぜんくじ》
（　　　）	ひかり小学校運動場《しょうがっこううんどうじょう》
自分《じぶん》がすること	・八十《はちじゅう》メートル走《そう》 ・ダンス ・（　　　）
（　　　）	・がんばるから、見《み》に来《き》てほしい。

（令和二年度版　光村図書　国語三上　わかば　「気もちをこめて『来てください』」による）

・場所《ばしょ》　・運動会《うんどうかい》　・気《き》もち
・つな引《ひ》き　・日時《にちじ》

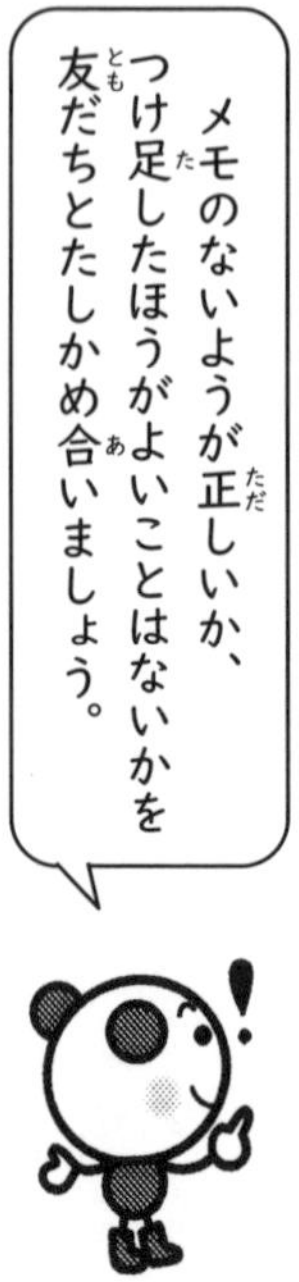

気《き》もちをこめて「来《き》てください」(2)

名前

● 次《つぎ》は、運動会《うんどうかい》のあんないの手紙《てがみ》です。手紙《てがみ》の文章《ぶんしょう》を二回《にかい》読《よ》んで、答《こた》えましょう。

㋐
緑《みどり》がきれいなきせつになりました。
高村先生《たかむらせんせい》、お元気《げんき》ですか。
ぼくは元気《げんき》です。

㋑
こんど、ぼくが通《かよ》う小学校《しょうがっこう》で運動会《うんどうかい》が開《ひら》かれますので、ごあんないします。
日時《にちじ》　五月三十日《ごがつさんじゅうにち》(土《ど》)　午前九時《ごぜんくじ》から午後三時《ごごさんじ》
場所《ばしょ》　ひかり小学校《しょうがっこう》　運動場《うんどうじょう》
ぼくは、八十《はちじゅう》メートル走《そう》とダンス、つな引《ひ》きに出《で》ます。毎日《まいにち》、れんしゅうをしています。どれも力《ちから》いっぱいがんばるので、ぜひ見《み》に来《き》てください。

㋒
五月十二日《ごがつじゅうににち》
森川《もりかわ》そうた
高村《たかむら》みちる先生《せんせい》

(令和二年度版　光村図書　国語三上　わかば「気もちをこめて『来てください』」による)

(1) はじめのあいさつは、㋐㋑㋒のうち、どれですか。記号《きごう》で答《こた》えましょう。

(2) ㋑のところで、何《なに》をつたえていますか。三《みっ》つえらんで○をつけましょう。
(　)緑《みどり》がきれいなこと。
(　)あんないした行事《ぎょうじ》の日時《にちじ》や場所《ばしょ》のせつめい。
(　)自分《じぶん》が行事《ぎょうじ》ですること。
(　)手紙《てがみ》を書《か》いた日《ひ》づけ。
(　)ぜひ来《き》てほしいという自分《じぶん》の気《き》もち。

(3) この手紙《てがみ》を書《か》いた人《ひと》の名前《なまえ》を書《か》きましょう。

(4) この手紙《てがみ》をとどけたい相手《あいて》の名前《なまえ》を書《か》きましょう。

まいごのかぎ (1)

名前

● 次《つぎ》の文章《ぶんしょう》を二回《にかい》読《よ》んで、答《こた》えましょう。

1

海《うみ》ぞいの町《まち》に、ぱりっとしたシャツのような夏《なつ》の風《かぜ》がふきぬけます。だけど、学校帰《がっこうがえ》りの道《みち》を行《い》くりいこは、うつむきがちなのです。

「またよけいなことをしちゃったな。」

りいこは、しょんぼりと歩《ある》きながら、つぶやきました。

2

三時間目《さんじかんめ》の図工《ずこう》の時間《じかん》に、みんなで学校《がっこう》のまわりの絵《え》をかきました。りいこは、おとうふみたいなこうしゃが、なんだかさびしかったので、その手前《てまえ》にかわいいうさぎをつけ足《た》しました。そしたら、友《とも》だちが、くすくすわらったのです。

（令和二年度版　光村図書　国語三上　わかば　斉藤《さいとう》　倫《りん》）

1

(1) りいこは、どこから帰《かえ》ってきているところですか。

(2) りいこがしょんぼりと歩《ある》きながらつぶやいたのは、どんな言葉《ことば》でしたか。文章《ぶんしょう》の中《なか》から書《か》き出《だ》しましょう。

2

(1) 図工《ずこう》の時間《じかん》に、みんなでかいたのは、何《なん》の絵《え》でしたか。

(2) りいこがかいたのは、どんな絵《え》でしたか。一《ひと》つに○をつけましょう。

（　）おとうふの絵《え》。

（　）こうしゃの手前《てまえ》に、かわいいうさぎをつけ足《た》した絵《え》。

（　）くすくすわらった友《とも》だちの絵《え》。

まいごのかぎ ⑵

名前

● 次《つぎ》の文章《ぶんしょう》を二回《にかい》読《よ》んで、答《こた》えましょう。

1

〔図工《ずこう》の時間《じかん》に絵《え》をかいたとき、りいこがこうしゃの手前《てまえ》にかわいいうさぎをつけ足《た》すと、友《とも》だちが、くすくすわらいました。〕

りいこは、はずかしくなって、あわてて白《しろ》い絵《え》の具《ぐ》をぬって、㋐うさぎをけしました。㋑そのとき、りいこの頭《あたま》の中《なか》にたしかにいたはずのうさぎまで、どこにもいなくなった気《き》がしたのです。

2

うさぎに悪《わる》いことをしたなあ。思《おも》い出《だ》しているうちに、りいこは、㋒どんどんうつむいていって、さいごは赤《あか》いランドセルだけが、歩《ある》いているように見《み》えました。

（令和二年度版　光村図書　国語三上　わかば　斉藤《さいとう》　倫《りん》）

1

(1) りいこが㋐うさぎをけしたのは、なぜですか。○をつけましょう。

（　）うさぎをかわいくかけなかったから。

（　）友《とも》だちにわらわれて、はずかしくなったから。

(2) ㋑そのときとは、どんなときですか。

りいこが［　　　　］とき。

2

(1) りいこは、けしてしまったうさぎにたいして、どのように思《おも》いましたか。文章《ぶんしょう》の中《なか》から書《か》き出《だ》しましょう。

［　　　　］

(2) ㋒どんどんうつむいていったりいこは、どんな気《き》もちでしたか。○をつけましょう。

（　）自分《じぶん》のしたことを気《き》にして、元気《げんき》をなくしている。

（　）友《とも》だちがわらったことをおこっている。

まいごのかぎ (3)

名前

● 次《つぎ》の文章《ぶんしょう》を二回《にかい》読《よ》んで、答《こた》えましょう。

ふと目《め》に入《はい》った
ガードレールの下《した》のあたりに、
かたむきかけた
光《ひかり》がさしこんでいます。
もじゃもじゃした
ヤブガラシの中《なか》で、㋐何《なに》かが、
ちらっと光《ひか》りました。
「何《なん》だろう。」
りいこが拾《ひろ》い上《あ》げると、
それは、夏《なつ》の日《ひ》ざしを
すいこんだような、
こがね色《いろ》のかぎでした。
家《いえ》のかぎよりは大《おお》きくて、
手《て》に持《も》つほうが、
しっぽみたいにくるんと
まいています。

※ヤブガラシ…つるしょくぶつの名前《なまえ》。道《みち》ばたなどでよく見《み》られる ざっそう。

（令和二年度版　光村図書　国語三上　わかば　斉藤《さいとう》　倫《りん》）

(1) どこで、㋐何《なに》かが、ちらっと光《ひか》りましたか。

（　　　　　　）

(2) ちらっと光《ひか》った㋐何《なに》かとは、何《なん》でしたか。

（　　　　　　）

(3) りいこが拾《ひろ》ったかぎの、色《いろ》、大《おお》きさ、形《かたち》について書《か》きましょう。

・色《いろ》
（［　　　　］色《いろ》。）

・大《おお》きさ
（家《いえ》のかぎより［　　　　］。）

・形《かたち》
（手《て》に持《も》つほうが、［　　　　］みたいに［　　　　］とまいている。）

まいごのかぎ ⑷

名前

● 次《つぎ》の文章《ぶんしょう》を二回《にかい》読《よ》んで、答《こた》えましょう。

1

〔りいこは、学校《がっこう》からの帰《かえ》り道《みち》、こがね色《いろ》のかぎを拾《ひろ》いました。〕

「落《お》とし物《もの》かな。」
そう、小《ちい》さく、声《こえ》に出《だ》しました。
すると、かぎは、りいこに
㋐まばたきするかのように
光《ひか》りました。

2

りいこは、元気《げんき》を出《だ》して顔《かお》を上《あ》げました。落《お》とした人《ひと》が、きっとこまっているにちがいない。
帰《かえ》り道《みち》の方角《ほうがく》とはべつの、海《うみ》べにある交番《こうばん》に向《む》かって、ゆるい坂《さか》を下《お》りはじめました。
坂道《さかみち》にならんだいくつもの家《いえ》をながめながら、このかぎは、どんな人《ひと》が落《お》としたのかなあと、りいこは、あれこれと思《おも》いうかべました。

（令和二年度版　光村図書　国語三上　わかば　斉藤《さいとう》　倫《りん》）

1

⑴ りいこは、かぎのことを何《なん》だと思《おも》いましたか。文章《ぶんしょう》の中《なか》の四文字《よんもじ》で答《こた》えましょう。

□□□□

⑵ ㋐まばたきするかのように光《ひか》ったのは、何《なん》ですか。

〔　　　　〕

2

⑴ かぎを拾《ひろ》ったあと、りいこは、どうしましたか。

〔□を出《だ》して顔《かお》を上《あ》げ、□に向《む》かって、坂《さか》を下《お》りはじめた。〕

⑵ かぎを拾《ひろ》ったりいこは、どんなことを考《かんが》えたのですか。二《ふた》つに○をつけましょう。

（　）落《お》とした人《ひと》が、きっとこまっているにちがいない。
（　）交番《こうばん》がどこにあるかわからないから、こまったなあ。
（　）どんな人《ひと》が、このかぎを落《お》としたのかなあ。

まいごのかぎ (5)

名前

● 次《つぎ》の文章《ぶんしょう》を二回《にかい》読《よ》んで、答《こた》えましょう。

1

（学校《がっこう》の帰《かえ》り道《みち》、りいこは、拾《ひろ》ったかぎをとどけようと、交番《こうばん》へ向《む》かっています。）

通《とお》りぞいにある、大《おお》きなさくらの木《き》は、青々《あおあお》とした葉《は》ざくらになっていました。その木《き》のねもとを見《み》て、りいこは、びっくりしました。

※葉《は》ざくら……花《はな》がちって、わかばが出《で》はじめたころのさくら。

2

「あれは、何《なん》だろう。なんだかかぎあなみたい。」

しぜんに空《あ》いたあなではなく、ドアのかぎのように四角《しかく》い金具《かなぐ》が、みきについていて、そのまん中《なか》に円《まる》いあながあるのです。

（令和二年度版　光村図書　国語三上　わかば　斉藤《さいとう》　倫《りん》）

1

(1) 大《おお》きなさくらの木《き》は、どんな様子《ようす》になっていましたか。

青々《あおあお》とした［　　　　］

(2) りいこは、さくらの木《き》の、どこを見《み》て、びっくりしましたか。

［　　　　］

2

(1) りいこは、木《き》のねもとにあるものを、何《なに》みたいだと言《い》いましたか。

［　　　　］みたい。

(2) りいこが木《き》のねもとに見《み》たもの二《ふた》つに○をつけましょう。

（　）しぜんに空《あ》いたあな。

（　）ドアのかぎのような四角《しかく》い金具《かなぐ》。

（　）四角《しかく》い金具《かなぐ》のまん中《なか》に空《あ》いた円《まる》いあな。

まいごのかぎ (6)

名前

● 次《つぎ》の文章《ぶんしょう》を二回《にかい》読《よ》んで、答《こた》えましょう。

1

（りいこは、拾《ひろ》ったかぎをとどけに交番《こうばん》へ向《む》かっています。そのとちゅう、さくらの木《き》のねもとにかぎあなみたいなものを見《み》つけました。）

「もしかして、さくらの木《き》の落《お》としたかぎだったりして。」

まさか、ね、と思《おも》いながら、持《も》っていたかぎをさしこんでみます。㋐、すいこまれるように入《はい》っていき、回《まわ》すと、ガチャンと、音《おと》がしました。

2

「あっ。」

思《おも》わず、さけびました。木《き》が、ぶるっとふるえたのです。そうして、えだの先《さき》に、みるみるたくさんのつぼみがついて、ふくらんでいったかと思《おも》うと、ばらばらと㋑何《なに》かがふってきました。

「どんぐりだ。」

（令和二年度版　光村図書　国語三上　わかば　斉藤《さいとう》　倫《りん》）

1

(1) りいこは、自分《じぶん》の拾《ひろ》ったかぎは、だれが落《お》としたかぎかもしれないと思《おも》いましたか。

(2) ㋐にあてはまる言葉《ことば》を一《ひと》つえらんで○をつけましょう。

（　）しかし

（　）すると

（　）また

2

(1) りいこが、思《おも》わずさけんだのは、どうしてですか。

木《き》が、［　　　　］から。

(2) ばらばらとふってきた㋑何《なに》かとは、何《なん》でしたか。

まいごのかぎ (7)

名前

● 次《つぎ》の文章《ぶんしょう》を二回《にかい》読《よ》んで、答《こた》えましょう。

1

りいこは、悲鳴《ひめい》をあげます。
さくらの木《き》に、
どんぐりの実《み》が
つくなんて。
おさげの頭《あたま》に
コンコン当《あ》たる
どんぐりを、ランドセルで
ふせぎながら、あわてて
かぎをぬきました。
どんぐりの雨《あめ》は、ぴたりと
やみ、さくらの木《き》は、
はじめの葉《は》ざくらに
もどっていました。

2

「びっくりした。」
りいこは、道《みち》の方《ほう》に後《あと》ずさり
しながら、言《い》いました。
㋐「こんなことになるなんて。
さくらの木《き》のかぎじゃ
なかったんだ。」

※後《あと》ずさり…前《まえ》を向《む》いたまま、後《うし》ろに下《さ》がること。

(令和二年度版　光村図書　国語三上　わかば　斉藤《さいとう》倫《りん》)

1

(1) 悲鳴《ひめい》をあげたりいこは、どんなことを考《かんが》えていましたか。文章《ぶんしょう》の中《なか》から一文《いちぶん》を書《か》き出《だ》しましょう。

(2) どんぐりの雨《あめ》がやんだのは、りいこがどんなことをしたときですか。一《ひと》つに○をつけましょう。

（　）悲鳴《ひめい》をあげたこと。
（　）頭《あたま》に当《あ》たるどんぐりをランドセルでふせいだこと。
（　）さくらの木《き》からかぎをぬいたこと。

2

(1) りいこは、どんな気《き》もちでしたか。文中《ぶんちゅう》の言葉《ことば》四文字《よんもじ》で書《か》きましょう。

(2) ㋐こんなこととは、どんなことですか。○をつけましょう。

さくらの木《き》に（　　　）がつくこと。

俳《はい》句《く》を楽《たの》しもう (1)

名前

(1) 次《つぎ》の文章《ぶんしょう》は、俳句《はいく》について
せつめいしたものです。
（　）にあてはまる言葉《ことば》を
［　］からえらんで書《か》きましょう。

俳句《はいく》は、（　　　）の
十七音《じゅうしちおん》で作《つく》られた短《みじか》い詩《し》です。
ふつうは、「季語《きご》」という、
（　　　）を表《あらわ》す
言葉《ことば》が入《はい》っています。

［ きせつ　五《ご》・七《しち》・五《ご》 ］

(2) 次《つぎ》の俳句《はいく》を読《よ》んで答《こた》えましょう。

あ 古池《ふるいけ》や蛙飛《かわずと》びこむ水《みず》の音《おと》
松尾《まつお》　芭蕉《ばしょう》

ひっそりとしずかな古池《ふるいけ》に、
かえるが飛《と》びこむ水《みず》の音《おと》が聞《き》こえた。

い 閑《しず》かさや岩《いわ》にしみ入《い》る蝉《せみ》の声《こえ》
松尾《まつお》　芭蕉《ばしょう》

（令和二年度版　光村図書　国語三上　わかば「俳句を楽しもう」による）

① あ、いの俳句《はいく》を、五《ご》・七《しち》・五《ご》の
音《おと》に分《わ》けます。それぞれ二《に》か所《しょ》に
／線《せん》を書《か》き入《い》れましょう。

あ 古池《ふるいけ》や／蛙《かわず》飛《と》びこむ／水《みず》の音《おと》
い 閑《しず》かさや岩《いわ》にしみ入《い》る蝉《せみ》の声《こえ》

② あ、いの俳句《はいく》の季語《きご》は、
何《なん》ですか。○をつけましょう。

あ （　）古池《ふるいけ》　（　）蛙《かわず》
い （　）蝉《せみ》　（　）声《こえ》

③ いの俳句《はいく》をせつめいした次《つぎ》の
文《ぶん》の（　）にあてはまる言葉《ことば》を
［　］からえらんで書《か》きましょう。

なんて（　　　）なん
だろう。（　　　）の
声《こえ》だけが、まるで
（　　　）の中《なか》にしみて
いくように聞《き》こえている。

［ せみ・岩《いわ》・しずか ］

俳句《はいく》を楽《たの》しもう (2)

名前

● 次《つぎ》の俳句《はいく》と文章《ぶんしょう》を二回《にかい》読《よ》んで、答《こた》えましょう。

あ 春《はる》の海《うみ》終日《ひねもす》のたりのたりかな　与謝《よさ》 蕪村《ぶそん》

あたたかな春《はる》の日《ひ》の海《うみ》は、一日中《いちにちじゅう》、のたりのたりとうねっているよ。

い 菜《な》の花《はな》や月《つき》は東《ひがし》に日《ひ》は西《にし》に　与謝《よさ》 蕪村《ぶそん》

見《み》わたすかぎりの菜《な》の花《はな》ばたけ。月《つき》は東《ひがし》の空《そら》からのぼりはじめ、太陽《たいよう》は西《にし》にしずんでいく。

（令和二年度版　光村図書　国語三上　わかば「俳句を楽しもう」による）

(1) あ、いの俳句《はいく》を、五《ご》・七《しち》・五《ご》の音《おと》に分《わ》けます。それぞれ二か所《にかしょ》に／線《せん》を書《か》き入《い》れましょう。

あ 春《はる》の海《うみ》終日《ひねもす》のたりのたりかな

い 菜《な》の花《はな》や月《つき》は東《ひがし》に日《ひ》は西《にし》に

(2) あ、いの俳句《はいく》の季語《きご》（きせつを表《あらわ》す言葉《ことば》）ときせつを表《ひょう》にまとめます。（　）にあてはまる言葉《ことば》を書《か》きましょう。
（ならっていない漢字《かんじ》は、ひらがなで書《か》きましょう。）

	あ	い
季語《きご》	春《はる》の海《うみ》	（　　）
きせつ	（　　）	春《はる》

(3) あの俳句《はいく》について答《こた》えましょう。

① 「終日《ひねもす》」は、どんな意味《いみ》を表《あらわ》していますか。○をつけましょう。

（　）一日中《いちにちじゅう》。

（　）あたたかな春《はる》の日《ひ》。

② 「のたりのたり」は、どんな様子《ようす》を表《あらわ》していますか。○をつけましょう。

（　）なみがおだやかで、ゆったりとしている様子《ようす》。

（　）なみがはげしくあらあらしい様子《ようす》。

(4) いの俳句《はいく》は、どんなところにちゅうもくしていますか。○をつけましょう。

（　）目《め》の前《まえ》に見《み》える、大《おお》きなしぜんのながめ。

（　）きれいな菜《な》の花《はな》の色《いろ》。

こそあど言葉《ことば》を使《つか》いこなそう (1)

名前

(1) 次《つぎ》の文章《ぶんしょう》は「こそあど言葉《ことば》」についてせつめいしたものです。（　）にあてはまる言葉《ことば》を□からえらんで書《か》きましょう。

「この・その・あの」や、「これ・それ・あれ」などの言葉《ことば》は、何《なに》かを（　　　）言葉《ことば》です。（　　　）ときには、「どの」や「どれ」などの言葉《ことば》を使《つか》います。

このような言葉《ことば》は、まとめて「（　　　）」といいます。

・こそあど言葉《ことば》　・たずねる　・指《さ》ししめす

(2) 次《つぎ》の表《ひょう》は「こそあど言葉《ことば》」の使《つか》い分《わ》けをまとめたものです。（　）にあてはまる言葉《ことば》を□からえらんで書《か》きましょう。

（指《さ》ししめすもののあるところが）

	物事《ものごと》	場所《ばしょ》	方向《ほうこう》（向《む》き）	様子《ようす》
こ　話《はな》し手《て》に近《ちか》い場合《ばあい》	これ　この	③（　　）	⑤（　　）　こっち	こんな　こう
そ　相手《あいて》に近《ちか》い場合《ばあい》	①（　　）　その	そこ	そちら　そっち	そんな　⑦（　　）
あ　どちらからも遠《とお》い場合《ばあい》	あれ　②（　　）	あそこ	あちら　⑥（　　）	あんな　ああ
ど　はっきりしない場合《ばあい》	どれ　どの	④（　　）	どちら　どっち	⑧（　　）　どう

・それ　・あっち　・ここ　・どんな　・あの　・どこ　・そう　・こちら

こそあど言葉《ことば》を使《つか》いこなそう (2)

名前

● 絵《え》を見《み》て、（　）にあてはまる言葉《ことば》を□からえらんで書《か》きましょう。

①

わたしが、今《いま》、使《つか》っている

（　　　）ペンは、書《か》きやすい。

・この　・あの

②

ペンがたくさんあって、

（　　　）ペンを使《つか》おうか、なやんだ。

・その　・どの

③

向《む》こうのつくえの上《うえ》にある

（　　　）ペンは、だれのかな。

・この　・あの

④

あなたが持《も》っている

（　　　）ペンを、かしてください。

・その　・この

こそあど言葉《ことば》を使《つか》いこなそう (3)

名前

(1) 次《つぎ》の文《ぶん》から「こそあど言葉《ことば》」を見《み》つけて書《か》きましょう。

① この　人《ひと》は、わたしの　おばあちゃんです。

② それは、何《なん》と　いう　本《ほん》ですか。

③ 夏休《なつやす》みには　どんな　ところに　行《い》きましたか。

④ 画用紙《がようし》は、あちらの　つくえの　上《うえ》に　あります。

①（　　）　②（　　）　③（　　）　④（　　）

(2) 次《つぎ》の文《ぶん》の（　）にあてはまる「こそあど言葉《ことば》」を、□からえらんで書《か》きましょう。

① （　　）が、ぼくの家《いえ》です。

② （　　）店《みせ》は、先月《せんげつ》、開店《かいてん》したばかりだ。

③ （　　）まで、走《はし》ってきょうそうしよう。

④ （　　）すばらしい夕日《ゆうひ》は、見《み》たことがない。

・あそこ　・あれ　・あんな　・あの

こそあど言葉《ことば》を使《つか》いこなそう (4)

名前

(1) 次《つぎ》の文《ぶん》にあてはまる「こそあど言葉《ことば》」を、□からえらんで書《か》きましょう。

① （　　）は、ぼくのかさです。

② （　　）犬《いぬ》は、とてもかわいい。

③ 早《はや》く（　　）に来《き》てください。

④ （　　）おいしいももは、はじめて食《た》べた。

・これ　・こんな　・この　・ここ

(2) 次《つぎ》の文《ぶん》にあてはまる「こそあど言葉《ことば》」を、□からえらんで書《か》きましょう。

① （　　）たてものが、えきです。

② （　　）は、だれのノートですか。

③ （　　）ようにすれば、はやく走《はし》れるようになりますか。

④ 今《いま》すぐ（　　）へ行《い》きます。

・そちら　・これ　・どの　・あの

こそあど言葉《ことば》を使《つか》いこなそう (5)

名前

(1) 正《ただ》しい「こそあど言葉《ことば》」の方《ほう》に、○をつけましょう。

① 肉《にく》と魚《さかな》、{（　）こちら／（　）どちら}がすきですか。

② だれか、{（　）どこ／（　）ここ}にあったボールを知《し》りませんか。

③ まさか{（　）あんな／（　）どんな}ことになるなんて、おどろきだ。

(2) 正《ただ》しい「こそあど言葉《ことば》」を一《ひと》つえらんで、○をつけましょう。

① {（　）こう／（　）ああ／（　）どう}して、こんなことになってしまったのだろう。

② 大雨《おおあめ》がふるそうです。{（　）それ／（　）どれ／（　）あれ}でも出《で》かけますか。

③ 右《みぎ》か左《ひだり》か、{（　）あちら／（　）どちら／（　）こちら}の道《みち》を行《い》けばいいですか。

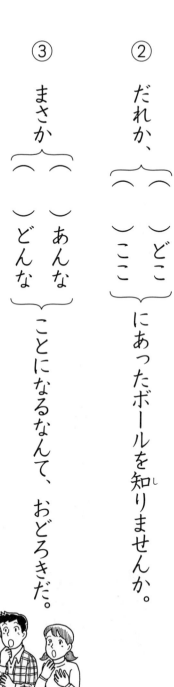

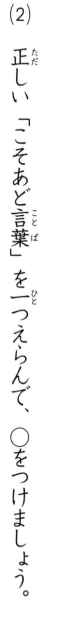

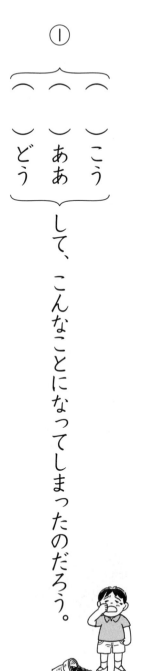

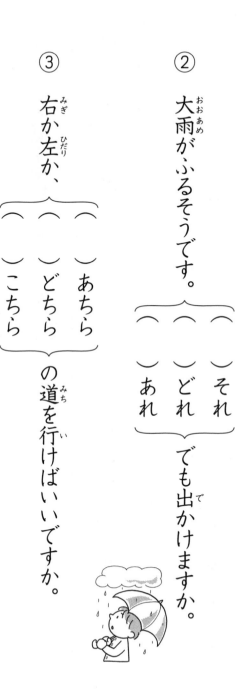

こそあど言葉《ことば》を使《つか》いこなそう (6)

名前

● 次《つぎ》の会話文《かいわぶん》の（　）にあてはまる「こそあど言葉《ことば》」を［　］からえらんで書《か》きましょう。

①

「向《む》こうに見《み》える（　　　）お店《みせ》が、今《いま》、人気《にんき》のパンやさんです。」

「（　　　）パンがおいしいですか。」

「わたしのおすすめは、メロンパンです。」

［・どの　・あの］

②

「あなたが持《も》っている（　　　）本《ほん》は、何《なん》の本《ほん》ですか。」

「（　　　）は、こん虫《ちゅう》図《ず》かんです。」

［・これ　・その］

③

「（　　　）に見《み》える高《たか》い山《やま》は、何《なに》かな。」

「（　　　）山《やま》は、ふじ山《さん》だよ。」

［・あそこ　・あの］

こそあど言葉《ことば》を使《つか》いこなそう (7)

名前

(1) 次《つぎ》の――線《せん》を引《ひ》いた「こそあど言葉《ことば》」が指《さ》している言葉《ことば》の方《ほう》に、○をつけましょう。

① つくえの上《うえ》にのみ物《もの》があります。これは、りんごジュースです。

（　）つくえ。

（　）つくえの上《うえ》の、のみ物《もの》。

② 花《はな》が、川《かわ》の向《む》こうにたくさんさいています。あれは、なの花《はな》です。

（　）川《かわ》の向《む》こうにさいている、たくさんの花《はな》。

（　）川《かわ》の向《む》こう。

(2) 次《つぎ》の（　）にあてはまる言葉《ことば》を□からえらんで書《か》きましょう。

① となりの町《まち》に公園《こうえん》があります。

（　　　）には、小《ちい》さな池《いけ》があります。

・どこ　・そこ

② 山《やま》の上《うえ》に、たてものが見《み》えますか。

（　　　）が、今《いま》から行《い》くところです。

・あれ　・ここ

こそあど言葉《ことば》を使《つか》いこなそう　(8)

名前

(1) 次《つぎ》の文章《ぶんしょう》の「こそあど言葉《ことば》」に――線《せん》を引《ひ》き、それが指《さ》している言葉《ことば》の方《ほう》に、○をつけましょう。

① ぼくは、母《はは》から青《あお》いかさをもらった。次《つぎ》の日《ひ》、ぼくはそれをもって出《で》かけた。

（　）母《はは》。

（　）母《はは》からもらった青《あお》いかさ。

② 「本《ほん》をたくさん読《よ》むとよい。」これが、おじいちゃんからの助言《じょげん》です。

（　）たくさんの本《ほん》。

（　）「本《ほん》をたくさん読《よ》むとよい。」という言葉《ことば》。

(2) 次《つぎ》の文章《ぶんしょう》の「こそあど言葉《ことば》」に――線《せん》を引《ひ》き、それが何《なに》を指《さ》しているかを考《かんが》え、（　）に書《か》きましょう。

① 近所《きんじょ》に新《あたら》しいレストランができました。次《つぎ》の土曜日《どようび》には、家族《かぞく》でそこに食《た》べに行《い》く予定《よてい》です。

（　　　　　　　　）

② きょう、ぼくは、図書室《としょしつ》で本《ほん》をかりました。食後《しょくご》に、それを読《よ》もうと思《おも》います。

（　　　　　　　　）

じょうほう

引用《いんよう》するとき

教科書《きょうかしょ》の「引用《いんよう》するとき」を読《よ》んで、答《こた》えましょう。

名前

(1) 次《つぎ》の文《ぶん》は、引用《いんよう》についてせつめいしたものです。あてはまる方《ほう》に○をつけましょう。

引用《いんよう》とは、{（　）自分《じぶん》／（　）ほかの人《ひと》}の言葉《ことば》を、{（　）自分《じぶん》／（　）ほかの人《ひと》}の文章《ぶんしょう》や話《はなし》の中《なか》で使《つか》うことをいいます。

(2) ある本《ほん》を引用《いんよう》して書《か》いた、次《つぎ》の文章《ぶんしょう》を読《よ》んで、問題《もんだい》に答《こた》えましょう。

① 上《うえ》の文章《ぶんしょう》は、何《なん》という本《ほん》から引用《いんよう》して書《か》いた文章《ぶんしょう》ですか。

（　　　　　　　　）

② 上《うえ》の文章《ぶんしょう》で、本《ほん》から引用《いんよう》して書《か》いている部分《ぶぶん》を書《か》き出《だ》しましょう。

（　　　　　　　　）

言葉《ことば》遊《あそ》びには、いろいろなしゅるいがあります。「言葉《ことば》で遊《あそ》ぼう」によると、しゃれは、「にた音《おと》や同《おな》じ音《おと》の言葉《ことば》を使《つか》って文《ぶん》を作《つく》る」言葉《ことば》遊《あそ》びです。

〈使《つか》った本《ほん》〉
小野恭靖《おのみつやす》「言葉《ことば》で遊《あそ》ぼう」
○○図書《としょ》、二〇二〇年《にせんにじゅうねん》

（令和二年度版　光村図書　国語三上　わかば「引用するとき」による）

本《ほん》から引用《いんよう》したところは、かぎ（「　」）を使《つか》って、自分《じぶん》の文《ぶん》とはくべつして書《か》いてあるよ。

仕事《しごと》のくふう、見《み》つけたよ　(1)

名前

教科書《きょうかしょ》の「仕事《しごと》のくふう、見《み》つけたよ」を読《よ》んで、答《こた》えましょう。

● 次《つぎ》の文章《ぶんしょう》は、谷口《たにぐち》さんが書《か》いた、ほうこくする文章《ぶんしょう》の一部《いちぶ》です。この文章《ぶんしょう》を読《よ》んで答《こた》えましょう。

スーパーマーケットの商品《しょうひん》のならべ方《かた》のくふう

谷口《たにぐち》　あかり

1. 調《しら》べた理由《りゆう》

わたしは，買《か》い物《もの》をたのまれて，よくスーパーマーケットに行《い》きます。いつも，どのように商品《しょうひん》をならべるのかが気《き》になっていました。そこで，商品《しょうひん》のならべ方《かた》のくふうについて，調《しら》べることにしました。

2. 調《しら》べ方《かた》

ひかりスーパーに行《い》き，見学《けんがく》をしました。また，店長《てんちょう》の木村《きむら》さんに話《はなし》をうかがいました。本《ほん》もあわせて読《よ》みました。

(1) 谷口《たにぐち》さんは、スーパーマーケットのどんなことを調《しら》べたと書《か》いていますか。

〔　　　　　　　　〕

(2) 谷口《たにぐち》さんが、(1)について調《しら》べることにしたのは、なぜですか。

〔スーパーマーケットに買《か》い物《もの》に行《い》くと、いつも、　　　　　　　　が、気《き》になっていたから。〕

(3) 谷口《たにぐち》さんは、どのようにして調《しら》べましたか。三《みっ》つに○をつけましょう。

（　）見学《けんがく》する。

（　）店長《てんちょう》に話《はなし》を聞《き》く。

（　）お客《きゃく》さんに話《はなし》を聞《き》く。

（　）本《ほん》を読《よ》む。

（令和二年度版　光村図書　国語三上　わかば「仕事のくふう、見つけたよ」による）

仕事《しごと》のくふう、見《み》つけたよ (2)

名前

教科書《きょうかしょ》の「仕事《しごと》のくふう、見《み》つけたよ」を読《よ》んで答《こた》えましょう。

● 次《つぎ》の文章《ぶんしょう》は、谷口《たにぐち》さんが書《か》いた、ほうこくする文章《ぶんしょう》の「調《しら》べて分《わ》かったこと」の一部《いちぶ》です。この文章《ぶんしょう》を読《よ》んで答《こた》えましょう。

(1) おすすめ品《ひん》のおき方《かた》

① ひかりスーパーでは、ちらしでせんでんした商品《しょうひん》を，「おすすめ品《ひん》」として売《う》っています。おすすめ品《ひん》には，そのきせつがいちばんおいしいやさいや，行事《ぎょうじ》に合《あ》った食《た》べ物《もの》などがあります。

② おすすめ品《ひん》は，お店《みせ》のもっとも売《う》りたい商品《しょうひん》なので，くふうしておくそうです。木村《きむら》さんは，「お客様《きゃくさま》がよく通《とお》る場所《ばしょ》に，できるだけ広《ひろ》くおくようにして目立《めだ》たせます。」とおっしゃっていました。

③ たしかに，お店《みせ》を歩《ある》いているときに，きせつや行事《ぎょうじ》に合《あ》った商品《しょうひん》が目《め》に入《はい》ると，わたしもつい手《て》にとりたくなります。

（令和二年度版　光村図書　国語三上　わかば　「仕事のくふう、見つけたよ」による）

(1) 谷口《たにぐち》さん（書《か》いた人《ひと》）は、ひかりスーパーの「おすすめ品《ひん》」のれいをあげています。二《ふた》つ書《か》きましょう。

その［　　　］がいちばんおいしいやさい。

［　　　］に合《あ》った食《た》べ物《もの》。

(2) 文章《ぶんしょう》の中《なか》で、人《ひと》から聞《き》いたことを引用《いんよう》しているところに——線《せん》を引《ひ》きましょう。

(3) 文章《ぶんしょう》の中《なか》で、谷口《たにぐち》さんが「考《かんが》えたこと」は、どこに書《か》かれていますか。①～③の番号《ばんごう》で答《こた》えましょう。

［　　］

いろいろな符号《ふごう》 (1)

名前

● 次《つぎ》の符号《ふごう》をせつめいする文章《ぶんしょう》を□からえらんで、㋐〜㋔の記号《きごう》で答《こた》えましょう。

① 句点《くてん》（。） □

② 読点《とうてん》（、） □

③ 中点《なかてん》（・） □

④ ダッシュ（―） □

⑤ かぎ（「」） □

㋐ 言葉《ことば》をならべる場合《ばあい》に使《つか》う。
〈れい〉ばった・あり・ちょうなど。

㋑ ①会話《かいわ》、②書名《しょめい》・題名《だいめい》、③思《おも》ったこと、④とくにほかの文《ぶん》と分《わ》けたい言葉《ことば》や文《ぶん》をしめす場合《ばあい》に使《つか》う。
〈れい〉ぼくは、「ともだち」という本《ほん》を読《よ》んだ。（②のれい）

㋒ 文《ぶん》の終《お》わりにうつ。
〈れい〉朝顔《あさがお》の花《はな》がさいた。

㋓ 文《ぶん》の中《なか》の意味《いみ》の切《き》れ目《め》にうつ。
〈れい〉雨《あめ》がやんだので、わたしはかさをとじた。

㋔ ①せつめいをおぎなう場合《ばあい》、②言《い》い切《き》りにせず、とちゅうで止《と》める場合《ばあい》に使《つか》う。
〈れい〉題名《だいめい》――本《ほん》や文章《ぶんしょう》につけられた名前《なまえ》。（①のれい）

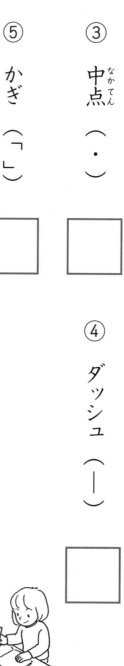

符号《ふごう》など

いろいろな符号《ふごう》 (2)

名　前

(1) 次《つぎ》の文《ぶん》の□に、読点《とうてん》（、）か、句点《くてん》（。）を書《か》きましょう。

① 姉《あね》は［、］プールに行《い》きました［。］

② ひこうきがとぶ□白《しろ》くて大《おお》きなひこうきだ□

③ きょうは□おじいちゃんの六十才《ろくじゅっさい》のたん生日《じょうび》です□

④ わたしのクラスの先生《せんせい》は□ギターがとくいです□

(2) 次《つぎ》の文《ぶん》の□に、読点《とうてん》（、）か、句点《くてん》（。）を書《か》きましょう。

① さて□あしたは遠足《えんそく》です□

② 遊園地《ゆうえんち》に来《く》ると□いつもわくわくします□

③ 手紙《てがみ》を読《よ》んで□うれしくなりました□

④ 学校《がっこう》がある日《ひ》も□休《やす》みの日《ひ》も□本《ほん》を読《よ》みます□

符号《ふごう》など

いろいろな符号《ふごう》 (3)

名前

(1) 次《つぎ》の文《ぶん》のかぎ（「」）は、何《なに》を表《あらわ》していますか。□からえらんで㋐〜㋒の記号《きごう》で答《こた》えましょう。

① おかあさんが、「おかえり。」と言《い》った。

② 「はじめてのキャンプ」という本《ほん》を読《よ》んだ。

③ わたしは、友《とも》だちに「どこへ行《い》くの。」とたずねた。

④ 知《し》らせを聞《き》いて、「たいへんだ。」と思《おも》った。

㋐ 会話《かいわ》　㋑ 書名《しょめい》・題名《だいめい》　㋒ 思《おも》ったこと

① □　② □　③ □　④ □

(2) 次《つぎ》の文《ぶん》に、かぎ（「」）をつけましょう。

① 先生《せんせい》に、「さようなら。」と、あいさつを しました。

② ぼくの すきな 本《ほん》は、ふたりはともだち と いう 本《ほん》です。

③ 休《やす》み時間《じかん》に もえさんが なわとびを しよう。 と さそってくれました。

④ キャンプに 行《い》った 友《とも》だちの 話《はなし》を 聞《き》いて、 わたしは、楽《たの》しそう。 と 思《おも》いました。

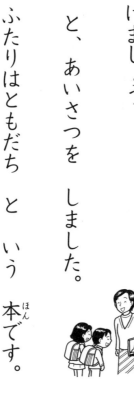

符号《ふごう》など

いろいろな符号《ふごう》 (4)

名前

● 次《つぎ》の文章《ぶんしょう》を二回《にかい》読《よ》んで、答《こた》えましょう。

土曜日《どようび》に、姉《あね》が、
この 本《ほん》を 読《よ》むと いいよ。
と 言《い》って、㋐三《さん》さつの 本《ほん》を かしてくれました。
ぼくは、そのうちの としょかんライオン と、いう 本《ほん》を 読《よ》みました。㋑話《はなし》が おもしろくて、すぐ 読《よ》めました。
さいしょに ぼくが 思《おも》った ことは、もし ほんとうに ライオンが 図書館《としょかん》に いたら どうなるのだろう。と いう ことでした。

横《よこ》書《が》きは、左《ひだり》から右《みぎ》へ書《か》くよ。読点《とうてん》（、）として、コンマ（，）が使《つか》えるよ。数字《すうじ》は、算用《さんよう》数字《すうじ》（１、２…）を使《つか》おう。

(1) 文章《ぶんしょう》の中《なか》で、かぎ（「」）をつけることのできるところが三《さん》か所《しょ》あります。右《みぎ》の文章《ぶんしょう》に、かぎ（「」）をつけましょう。

① 会話《かいわ》
② 書名《しょめい》・題名《だいめい》
③ 思《おも》ったこと
が書《か》いてあるところだね。

(2) 右《みぎ》の文章《ぶんしょう》を横書《よこが》きにするとき、㋐三《さん》さつという言葉《ことば》は、どのように書《か》きますか。横書《よこが》きで書《か》きましょう。

［ □さつ ］

(3) ㋑話《はなし》が…読《よ》めました。の文《ぶん》を横書《よこが》きにするとき、読点《とうてん》（、）を、べつの符号《ふごう》を使《つか》って□に書《か》きましょう。

［ 話《はなし》がおもしろくて□すぐ読《よ》めました。 ］

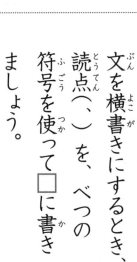

きせつの言葉《ことば》2

夏《なつ》のくらし (1)

名前

● 次《つぎ》の詩《し》を二回読《にかいよ》んで、答《こた》えましょう。

はなび

鶴見《つるみ》 正夫《まさお》

㋐ひの はな
さけ さけ
なつの よるの にわに

さいて ちって
ちって きえて
㋑きえても まだ のこる

とじた めの なかに
ふしぎな ひの はな
いま さいた はなび

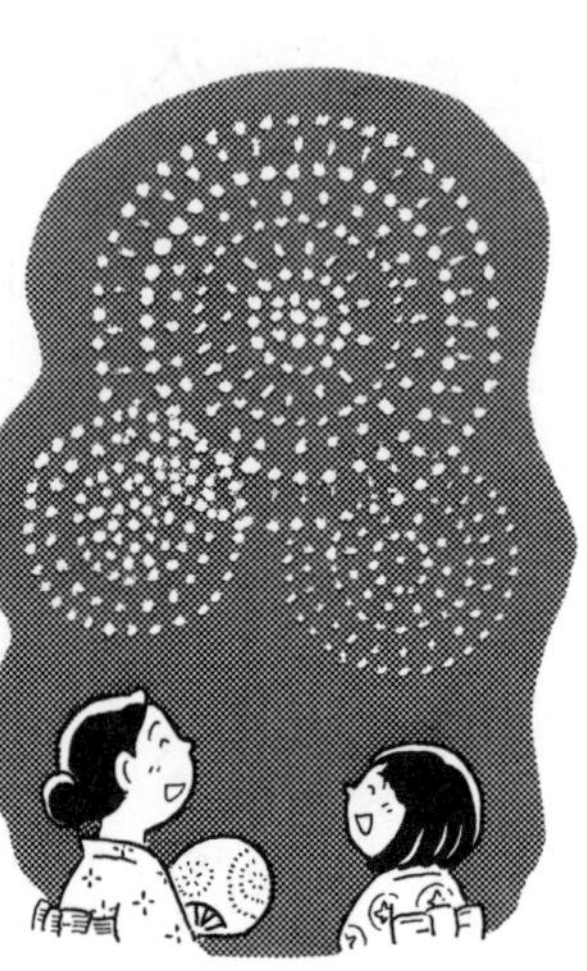

(令和二年度版 光村図書 国語三上 わかば 鶴見 正夫)

(1) ㋐ひの はなについて答《こた》えましょう。

① 漢字《かんじ》とひらがなを使《つか》った三文字《さんもじ》で書《か》きましょう。

② 詩《し》の中《なか》で同《おな》じ意味《いみ》を表《あらわ》している三文字《さんもじ》を書《か》きましょう。

(2) 「さいて ちって」「ちって きえて」から、「ひの はな」のどんなとくちょうが分《わ》かりますか。○をつけましょう。

( )きれいな色《いろ》が、あざやかにずっと見《み》えつづけるところ。

( )はなやかに広《ひろ》がって、すぐにきえてしまうところ。

(3) ㋑きえても まだ のこるとは、どこに、何《なに》が、のこるのですか。詩《し》の中《なか》の三行《さんぎょう》を書《か》き出《だ》しましょう。

きせつの言葉《ことば》2

夏《なつ》のくらし (2)

名前

夏《なつ》とは、六月《ろくがつ》、七月《しちがつ》、八月《はちがつ》ごろのきせつです。

(1) あつい夏《なつ》をのりきるためのくふうを四《よっ》つえらんで、○をつけましょう。

( )うち水《みず》　( )日《ひ》なたぼっこ

( )花見《はなみ》　( )マフラー

( )あみ戸《ど》　( )せんぷうき

( )たき火《び》　( )うちわ

(2) 夏《なつ》に食《た》べるとうれしい、つめたくてのどごしのよい夏《なつ》の食《た》べ物《もの》を三《みっ》つえらんで、○をつけましょう。

( )やきいも　( )かき氷《ごおり》

( )そうめん　( )かがみもち

( )すいか　( )月見《つきみ》だんご

(3) 夏《なつ》にかんけいのある、次《つぎ》の言葉《ことば》にあてはまるせつめいを——線《せん》でむすびましょう。

① 夕立《ゆうだち》 ・　　・夏《なつ》の夕方《ゆうがた》、えんがわや外《そと》などに出《で》て、すずしい風《かぜ》に当《あ》たること。

② 夕《ゆう》すずみ ・　　・まどの近《ちか》くなどにつるして、風《かぜ》で鳴《な》る、すずしげな音色《ねいろ》を楽《たの》しむ、すずのこと。

③ ふうりん ・　　・夏《なつ》の夕方《ゆうがた》のどしゃぶりの雨《あめ》のこと。

本《ほん》は友《とも》だち

はじめて知《し》ったことを知《し》らせよう

名前

● 友《とも》だちが、本《ほん》を読《よ》んで、はじめて知《し》ったことを発表《はっぴょう》しています。
次《つぎ》の発表《はっぴょう》の文章《ぶんしょう》を二回《にかい》読《よ》んで、答《こた》えましょう。

㋐

ぼくはきょうりゅうがすきなので、「とりになったきょうりゅうのはなし」という本《ほん》を読《よ》みました。
　この本《ほん》には、鳥《とり》はきょうりゅうの生《い》きのこりだと書《か》いてありました。

㋑

きょうりゅうの化石《かせき》を調《しら》べてみると、鳥《とり》の体《からだ》のつくりとよくにているのだそうです。ふだん何気《なにげ》なく見《み》ている鳥《とり》ですが、きょうりゅうのなかまだと知《し》って、とてもおどろきました。

㋒

　どうしてきょうりゅうが鳥《とり》になったのか知《し》りたい人《ひと》は、ぜひこの本《ほん》を読《よ》んでみてください。

（令和二年度版　光村図書　国語三上　わかば
「はじめて知ったことを知らせよう」による）

(1) 「ぼく」は、何《なん》という本《ほん》をしょうかいしていますか。

〔　　　　〕

(2) 「ぼく」が、この本《ほん》を読《よ》んだのは、なぜですか。わけを書《か》きましょう。

〔　　　　〕だから。

(3) 次《つぎ》の文《ぶん》は、上《うえ》の㋐〜㋒のところで、どんなことが書《か》いてあるかをせつめいしたものです。（　）にあてはまる言葉《ことば》を□からえらんで書《か》きましょう。

㋐ えらんだ本《ほん》の名前《なまえ》と、その本《ほん》を読《よ》んだ（　　　　）。

㋑ 本《ほん》に書《か》いてあったことで、分《わ》かったことや（　　　　）ことのしょうかい。

㋒ 本《ほん》を読《よ》んでみてほしいという（　　　　）。

・おどろいた　・よびかけ　・理由《りゆう》

鳥《とり》になったきょうりゅうの話《はなし》（1）

名前

● 次《つぎ》の文章《ぶんしょう》を二回《にかい》読《よ》んで、答《こた》えましょう。

（きょうりゅうがすんでいたのは、大昔《おおむかし》のことです。きょうりゅうには、いろいろなしゅるいがあり、見《み》た目《め》もさまざまでした。）

ところで、きょうりゅうは、みな大《おお》きかったわけではありません。なかには、ねこや犬《いぬ》ぐらいの大《おお》きさのきょうりゅうもいて、すばやく走《はし》り回《まわ》りながら、とかげやねずみににた動物《どうぶつ》などをつかまえて食《た》べていました。これらの㋐小《ち》さなきょうりゅうたちにも、羽毛《うもう》が生《は》えているものがいました。

※羽毛《うもう》…鳥《とり》の体《からだ》に生《は》えている、やわらかくてかるい羽《はね》。

（令和二年度版　光村図書　国語三上　わかば　大島《おおしま》英太郎《えいたろう》）

(1) きょうりゅうの大《おお》きさについてあてはまる方《ほう》に○をつけましょう。

（　）みんな大《おお》きかった。

（　）ねこや犬《いぬ》ぐらいの大《おお》きさのものもいた。

(2) ㋐小《ち》さなきょうりゅうたちは、何《なに》をつかまえて食《た》べていましたか。文章《ぶんしょう》の中《なか》の言葉《ことば》を書《か》き出《だ》しましょう。

(3) ㋐小《ち》さなきょうりゅうたちは、どんなふうに動《うご》いて、動物《どうぶつ》などをつかまえましたか。

［　　　］走《はし》り回《まわ》りながら、つかまえた。

(4) ㋐小《ち》さなきょうりゅうたちには、何《なに》が生《は》えているものがいましたか。

鳥《とり》になったきょうりゅうの話《はなし》 (2)

名前

● 次《つぎ》の文章《ぶんしょう》を二回《にかい》読《よ》んで、答《こた》えましょう。

1

〔小《ちい》さなきょうりゅうたちにも、羽毛《うもう》が生《は》えているものがいました。〕

やがてそれらの中《なか》に、木《き》の上《うえ》でくらすものがあらわれました。木《き》の上《うえ》なら、地面《じめん》の上《うえ》とちがって てきにおそわれることも少《すく》ないし、えさとなる虫《むし》などもたくさんいたからです。

2

㋐これらのきょうりゅうは、体《からだ》がかるかったので、手《て》あしをバタバタと動《うご》かして木《き》に登《のぼ》ることができました。

（令和二年度版　光村図書　国語三上　わかば　大島《おおしま》　英太郎《えいたろう》）

1

(1) 羽毛《うもう》が生《は》えた、小《ちい》さなきょうりゅうたちの中《なか》に、どこでくらすものがあらわれましたか。

〔　　　　〕

(2) 木《き》の上《うえ》でくらすようになったのは、なぜですか。理由《りゆう》を二《ふた》つ書《か》きましょう。

木《き》の上《うえ》は、

〔　　　　〕ことが少《すく》ないから。

〔　　　　〕などがたくさんいたから。

2

(1) ㋐これらのきょうりゅうにあてはまる方《ほう》に、○をつけましょう。

（　）小《ちい》さなきょうりゅう みんな。

（　）羽毛《うもう》の生《は》えた、小《ちい》さなきょうりゅうたちの中《なか》で、木《き》の上《うえ》でくらすもの。

(2) ㋐これらのきょうりゅうが、木《き》に登《のぼ》ることができたのは、なぜですか。

〔　　　　〕から。

鳥《とり》になったきょうりゅうの話《はなし》 (3)

名前

● 次《つぎ》の文章《ぶんしょう》を二回《にかい》読《よ》んで、答《こた》えましょう。

1

木《き》の上《うえ》で生活《せいかつ》をはじめたきょうりゅうたちの㋐しそんは、とても長《なが》い年月《としつき》がたつうちに、木《き》から木《き》へととびうつってくらすようになりました。

2

そして、それらのしそんの中《なか》には、手《て》あしに生《は》えている羽毛《うもう》が長《なが》くのびて、つばさの形《かたち》になったものがあらわれたのです。

やがて、㋑空《そら》をとべるようになったきょうりゅうたちは、食《た》べ物《もの》をもとめて遠《とお》くまでとんでいくようになりました。

（令和二年度版　光村図書　国語三上　わかば　大島《おおしま》　英太郎《えいたろう》）

1

(1) ㋐しそんの意味《いみ》にあてはまる方《ほう》に、○をつけましょう。

（　）親《おや》のこと。

（　）子《こ》やまごなど、後《あと》に生《う》まれたものたちのこと。

(2) 木《き》の上《うえ》で生活《せいかつ》をはじめたきょうりゅうたちのしそんは、その後《ご》、どのようにくらすようになりましたか。

［　　　　］くらすようになった。

2

(1) ㋑空《そら》をとべるようになったきょうりゅうたちは、どうして、空《そら》をとべるようになったのですか。

手《て》あしに生《は》えている［　　］が長《なが》くのびて、［　　］の形《かたち》になったから。

(2) ㋑空《そら》をとべるようになったきょうりゅうたちは、何《なに》をもとめて遠《とお》くまでとんでいくようになりましたか。

［　　　　］

鳥《とり》になった きょうりゅうの話《はなし》 (4)

名前

● 次《つぎ》の文章《ぶんしょう》を二回《にかい》読《よ》んで、答《こた》えましょう。

1

ところが、今《いま》から六千六百万年《ろくせんろっぴゃくまんねん》ほど前《まえ》のこと、地球《ちきゅう》の様子《ようす》が大《おお》きくかわり、㋐大《おお》きなきょうりゅうのなかまはほとんど死《し》にたえてしまいます。㋑、つばさをもち、とぶことのできる小《ちい》さなきょうりゅうのしそんだけは、生《い》きのこりました。そして、㋒これらのきょうりゅうは、今《いま》でもすがたをかえて生《い》きているのです。

2

それが鳥《とり》なのです。鳥《とり》は、生《い》きのこったきょうりゅうだったのです。

鳥《とり》ときょうりゅうとでは、ずいぶんちがっているように見《み》えますね。でも、ほねやあしのつき方《かた》など体《からだ》のつくりをよく調《しら》べてみると、とてもにているのです。

（令和二年度版 光村図書 国語三上 わかば 大島《おおしま》 英太郎《えいたろう》）

1

(1) ㋐大《おお》きなきょうりゅうのなかまがほとんど死《し》にたえてしまったのは、いつのことですか。

(2) ㋑にあてはまる言葉《ことば》に、○をつけましょう。

（　）だから　（　）けれども

(3) ㋒これらのきょうりゅうにあてはまる方《ほう》に、○をつけましょう。

（　）大《おお》きなきょうりゅうのなかま。

（　）つばさをもって、とぶことのできる小《ちい》さなきょうりゅう。

2

(1) ㋒これらのきょうりゅうは、今《いま》は、何《なに》にすがたをかえて、生《い》きていますか。

(2) 鳥《とり》ときょうりゅうとでは、どんなところが、とてもにていますか。文章《ぶんしょう》の中《なか》から五文字《ごもじ》で書《か》き出《だ》しましょう。

わたしと小鳥《ことり》とすずと

名前

● 次《つぎ》の詩《し》を二回《にかい》読《よ》んで、答《こた》えましょう。

わたしと小鳥《ことり》とすずと

金子《かねこ》　みすゞ（ず）

1

わたしが両手《りょうて》をひろげても、
お空《そら》はちっともとべないが、
とべる小鳥《ことり》はわたしのように、
地面《じべた》をはやくは走《はし》れない。

2

わたしがからだをゆすっても、
きれいな音《おと》はでないけど、
あの鳴《な》るすずはわたしのように
たくさんなうたは知《し》らないよ。

㋐すずと、小鳥《ことり》と、それからわたし、
みんなちがって、みんないい。

（令和二年度版　光村図書　国語三上　わかば　金子　みすゞ）

(1) 1（一連目《いちれんめ》）について答《こた》えましょう。

① 「わたし」と何《なに》をくらべていますか。

② 「わたし」と「小鳥《ことり》」ができることは、どんなことですか。――線《せん》でむすびましょう。

わたし ・　　・空《そら》をとぶこと。

小鳥《ことり》 ・　　・地面《じべた》をはやく走《はし》ること。

(2) 2（二連目《にれんめ》）について答《こた》えましょう。

① 「わたし」と何《なに》をくらべていますか。

② 「わたし」と「すず」ができることは、どんなことですか。――線《せん》でむすびましょう。

わたし ・　　・たくさんうたを知《し》っていること。

すず ・　　・きれいな音《おと》をだすこと。

(3) ㋐みんなちがって、みんないい。の、みんなとは、だれのことですか。三《みっ》つ書《か》きましょう。

夕日《ゆうひ》がせなかをおしてくる

名前

● 次《つぎ》の詩《し》を二回《にかい》読《よ》んで、答《こた》えましょう。

夕日《ゆうひ》がせなかをおしてくる

阪田《さかた》　寛夫《ひろお》

夕日《ゆうひ》がせなかをおしてくる
㋐まっかなうででおしてくる
歩《ある》くぼくらのうしろから
でっかい声《こえ》でよびかける
㋑さよなら　さよなら
さよなら　きみたち
ばんごはんがまってるぞ
あしたの朝《あさ》ねすごすな

夕日《ゆうひ》がせなかをおしてくる
そんなにおすなあわてるな
ぐるりふりむき太陽《たいよう》に
ぼくらも負《ま》けずどなるんだ
㋒さよなら　さよなら
さよなら　太陽《たいよう》
ばんごはんがまってるぞ
あしたの朝《あさ》ねすごすな

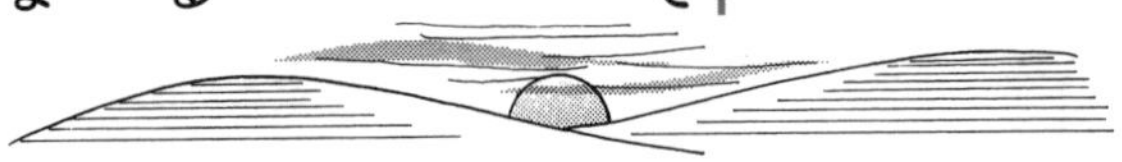

（令和二年度版　光村図書　国語三上　わかば　阪田　寛夫）

(1) いつのことを書《か》いた詩《し》ですか。一《ひと》つに○をつけましょう。

（　）夜明《よあ》け
（　）昼《ひる》
（　）夕方《ゆうがた》

(2) ㋐まっかなうでで、だれが、何《なに》をおしてくるのですか。

・だれ（が）
・何《なに》（を）

(3) 一連目《いちれんめ》の、㋑さよなら　さよなら……ねすごすなの言葉《ことば》は、だれが、だれによびかけた言葉《ことば》ですか。

・だれ（が）
・だれ（に）

(4) 二連目《にれんめ》の、㋒さよなら　さよなら……ねすごすなの言葉《ことば》は、だれが、だれにどなった言葉《ことば》ですか。

・だれ（が）
・だれ（に）

山小屋《やまごや》で三日間《みっかかん》すごすなら

名前

教科書《きょうかしょ》の「山小屋《やまごや》で三日間《みっかかん》すごすなら」を読《よ》んで、答《こた》えましょう。

(1) 子《こ》どもたんけんたいとして、山小屋《やまごや》で三日間《みっかかん》すごすことになりました。次《つぎ》の文《ぶん》は、グループで持《も》っていく物《もの》を話《はな》し合《あ》うときに、気《き》をつけることです。（　）にあてはまる言葉《ことば》を□からえらんで書《か》きましょう。

① 「食料《しょくりょう》、水《みず》、着《き》がえのほかに、五《いつ》つまで持《も》っていける」という、持《も》ち物《もの》の（　　　　）をたしかめる。

② 「ふだん子《こ》どもだけではできないことをして、しぜんとふれ合《あ》う」という（　　　　）にそって考《かんが》える。

・目的《もくてき》　・決《き》まり

(2) グループでしたいことと、持《も》っていきたい物《もの》を話《はな》し合《あ》うのに、たくさん出《だ》し合《あ》って整理《せいり》する話《はな》し合《あ》いを目《め》ざします。このとき、大切《たいせつ》なことを二《ふた》つえらんで、○をつけましょう。

（　）たがいの考《かんが》えをみとめ合《あ》い、全員《ぜんいん》で出《だ》し合《あ》う。
（　）意見《いけん》がたくさんある人《ひと》の考《かんが》えだけをとり上《あ》げる。
（　）出《だ》された考《かんが》えを、なかま分《わ》けして整理《せいり》する。

(3) グループでしたいことを決《き》めて、持《も》っていく物《もの》をえらぶ話《はな》し合《あ》いをします。このときに大切《たいせつ》なことを二《ふた》つえらんで、○をつけましょう。

（　）目的《もくてき》にそって、大事《だいじ》なことの順番《じゅんばん》を考《かんが》える。
（　）より多《おお》くの人《ひと》が大事《だいじ》だと考《かんが》えたものをえらぶ。
（　）自分《じぶん》の考《かんが》えが通《とお》るまで、くりかえし大声《おおごえ》で言《い》う。

ポスターを読《よ》もう

名前

教科書《きょうかしょ》の「ポスターを読《よ》もう」を読《よ》んで、答《こた》えましょう。

(1) 次《つぎ》の文章《ぶんしょう》は、ポスターについてせつめいしているものです。（　）にあてはまる言葉《ことば》を［　］からえらんで書《か》きましょう。

ポスターは、行事《ぎょうじ》のあんない、マナーの（　　　）、商品《しょうひん》の（　　　）など、知《し》らせたいことを（　　　）の紙《かみ》にまとめたものです。

言葉《ことば》と写真《しゃしん》、絵《え》などを組《く》み合《あ》わせて、人《ひと》を引《ひ》きつけるくふうがされています。相手《あいて》を引《ひ》きつけるようにくふうされた短《みじか》い言葉《ことば》のことを、とくに、（　　　）と言《い》います。

・せんでん　・一《いち》まい
・よびかけ　・キャッチコピー

(2) 次《つぎ》の中《なか》で、行事《ぎょうじ》を知《し》らせるポスターに、かならず書《か》いてあるものは何《なん》ですか。三《みっ》つに○をつけましょう。

（　）行事《ぎょうじ》の名前《なまえ》。
（　）行事《ぎょうじ》のマスコットキャラクターのイラスト。
（　）行事《ぎょうじ》の日《ひ》づけ。
（　）行事《ぎょうじ》の会場《かいじょう》の場所《ばしょ》。

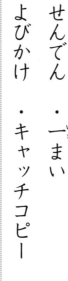

へんとつくり (1)

名前

(1) 次《つぎ》の文《ぶん》が、漢字《かんじ》の「へん」と「つくり」のせつめいになるように、（　）にあてはまる言葉《ことば》を□からえらんで書《か》きましょう。

① へん

右《みぎ》と左《ひだり》の二《ふた》つに分《わ》けられる漢字《かんじ》の（　　　　）にあり、おおまかな意味《いみ》を表《あらわ》す部分《ぶぶん》のこと。たとえば、「語《ご》」「記《き》」「読《どく》」の「言」は、「（　　　　）」といい、言葉《ことば》に関係《かんけい》のある漢字《かんじ》が多《おお》い。

② つくり

漢字《かんじ》の（　　　　）におかれ、おおまかな意味《いみ》を表《あらわ》すこともある。たとえば、「顔《かお》」「頭《あたま》」の「頁」は、「（　　　　）」といい、もともと人《ひと》の頭《あたま》をえがいた形《かたち》で、頭部《とうぶ》に関係《かんけい》がある。

・右《みぎ》がわ　・左《ひだり》がわ　・おおがい　・ごんべん

(2) 次《つぎ》の■にあてはまる「へん」や「つくり」を、□からえらんで漢字《かんじ》を作《つく》り、□に書《か》きましょう。

① ■売 □

② ■也 □

③ 豆■ □

④ 孝■ □

氵　頁　言　攵

へんとつくり (2)

名前

● 次《つぎ》の「へん」の名前《なまえ》を□からえらんで（　）に書《か》きましょう。
また、その部分《ぶぶん》をもつ漢字《かんじ》は、どんな事《こと》がらに関係《かんけい》がありますか。
——線《せん》でむすびましょう。

① 言　（ごんべん）　語・詩・記　・　　　・人間《にんげん》。

② イ　（　　　）　休・係・作　・　　　・植物《しょくぶつ》や木《き》。

③ シ　（　　　）　油・港・海　・　　　・言葉《ことば》や話《はな》すこと。

④ 木　（　　　）　板・柱・植　・　　　・水《みず》。

ごんべん　・　きへん　・　にんべん　・　さんずい

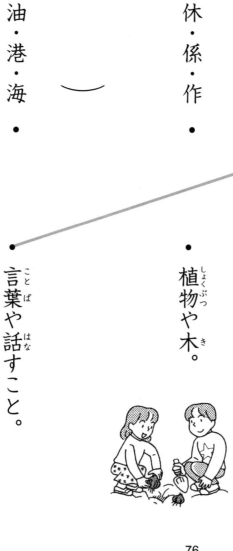

へんとつくり (3)

名前

● 左《ひだり》と右《みぎ》の漢字《かんじ》の部分《ぶぶん》を組《く》み合《あ》わせて、一《ひと》つの漢字《かんじ》を作《つく》りましょう。
また、「へん」の名前《なまえ》を［　］からえらんで書《か》きましょう。

① 言 ＋ 舌 → 話 （ごんべん）

② 木 ＋ 交 → □ （　　）

③ 糸 ＋ 田 → □ （　　）

④ 亻 ＋ 木 → □ （　　）

⑤ 女 ＋ 市 → □ （　　）

⑥ 日 ＋ 青 → □ （　　）

・ごんべん　・きへん　・おんなへん
・にんべん　・いとへん　・ひへん

へんとつくり (4)

名前

(1) 次《つぎ》の「つくり」の名前《なまえ》を［　］からえらんで（　）に書《か》きましょう。
また、その部分《ぶぶん》をもつ漢字《かんじ》は、どんな事《こと》がらに関係《かんけい》がありますか。
——線《せん》でむすびましょう。

① 頁 （　　） 顔・頭 ・　　　・ 力《ちから》のはたらきに関係《かんけい》がある。

② 力 （　　） 動・助 ・　　　・ 頭部《とうぶ》に関係《かんけい》がある。

［ちから ・ おおがい］

(2) 左《ひだり》と右《みぎ》の漢字《かんじ》の部分《ぶぶん》を組《く》み合《あ》わせて、一《ひと》つの漢字《かんじ》を作《つく》りましょう。

① 重 ＋ 力 → □

② 彦 ＋ 頁 → □

③ 孝 ＋ 文 → □

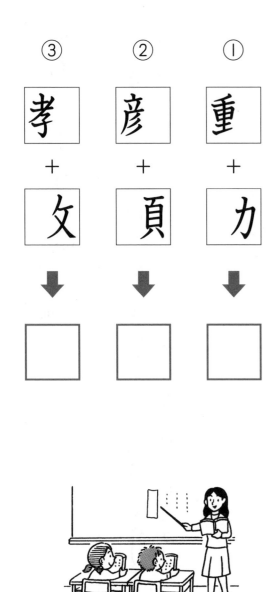

ローマ字《じ》 (1)

名前

● ローマ字《じ》で書《か》きましょう。

① あ い う え お

a i u e o

② か き く け こ

③ さ し す せ そ

④ た ち つ て と

⑤ な に ぬ ね の

⑥ は ひ ふ へ ほ

⑦ ま み む め も

⑧ や ゆ よ

⑨ ら り る れ ろ

⑩ わ を ん

⑪ が ぎ ぐ げ ご

⑫ ざ じ ず ぜ ぞ

⑬ だ ぢ づ で ど

⑭ ば び ぶ べ ぼ

⑮ ぱ ぴ ぷ ぺ ぽ

ローマ字《じ》(2)

名前

● ローマ字《じ》で書《か》きましょう。

① きゃ　きゅ　きょ

kya kyu kyo

② しゃ　しゅ　しょ

③ ちゃ　ちゅ　ちょ

④ にゃ　にゅ　にょ

⑤ ひゃ　ひゅ　ひょ

⑥ みゃ　みゅ　みょ

⑦ りゃ　りゅ　りょ

⑧ ぎゃ　ぎゅ　ぎょ

⑨ じゃ　じゅ　じょ

⑩ ぢゃ　ぢゅ　ぢょ

⑪ びゃ　びゅ　びょ

⑫ ぴゃ　ぴゅ　ぴょ

「きゃ」「きゅ」「きょ」などの音《おと》は,「kya」「kyu」「kyo」のように,ローマ字《じ》３文字《もじ》で表《あらわ》します。

ローマ字《じ》 (3)

名前

(1) 次《つぎ》のローマ字《じ》の読《よ》み方《かた》を，ひらがなで（　）に書《か》きましょう。

① ame
（ あめ ）

② inu
（　　　）

③ neko
（　　　）

④ semi
（　　　）

⑤ kaki
（　　　）

⑥ tako
（　　　）

⑦ hune
（　　　）

⑧ yoru
（　　　）

(2) ローマ字《じ》を1字《じ》ずつはじめに書《か》きたして，次《つぎ》の言葉《ことば》を作《つく》りましょう。

① かめ 
kame

② さめ 
ame

③ とら 
ora

④ なし 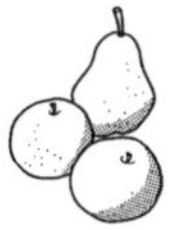
asi

⑤ ほん 

on

⑥ まめ 
ame

⑦ りす 
isu

⑧ わに 
ani

ローマ字《じ》 (4)

名前

(1) 次《つぎ》のローマ字《じ》の読《よ》み方《かた》を，ひらがなで（　）に書《か》きましょう。

① usagi
（ うさぎ ）

② buta
（　　　）

③ suzu
（　　　）

④ mado
（　　　）

⑤ ringo
（　　　）

⑥ kuzira
（　　　）

⑦ kabin
（　　　）

⑧ tanpopo
（　　　）

(2) 次《つぎ》の言葉《ことば》をローマ字《じ》で書《か》きましょう。

① あり 
ari

② うし 

③ こま 

④ さる 

⑤ かぎ 

⑥ ひつじ 

⑦ バナナ 

⑧ パンダ 

(122%に拡大してご使用ください)

ローマ字《じ》

(5)

名前

(1) 次《つぎ》のローマ字《じ》の読《よ》み方《かた》を，ひらがなで（　）に書《か》きましょう。

① kingyo（　　　）
② densya（　　　）
③ tyawan（　　　）
④ akusyu（　　　）
⑤ onîsan（　　　）
⑥ onêsan（　　　）
⑦ rôsoku（　　　）
⑧ yûhi（　　　）

(2) 次《つぎ》の言葉《ことば》をローマ字《じ》で書《か》きましょう。

① おもちゃ 

② じてんしゃ 

③ はくしゅ 

④ かぼちゃ 

⑤ おかあさん 

⑥ おとうさん 

⑦ すいとう 

⑧ ふうせん 

 (122%に拡大してご使用ください)

(1) 次《つぎ》のローマ字《じ》の読《よ》み方《かた》を，ひらがなで（　）に書《か》きましょう。

① kippu
（　　　　）

② sippo
（　　　　）

③ rappa
（　　　　）

④ sekken
（　　　　）

⑤ gakkô
（　　　　）

⑥ gakkyû
（　　　　）

⑦ zen'in
（　　　　）

⑧ kon'ya
（　　　　）

(2) 次《つぎ》の言葉《ことば》をローマ字《じ》で書《か》きましょう。

① きって 

② らっこ 

③ ばった 

④ もっきん 

⑤ なっとう 

⑥ がっしょう 

⑦ 本《ほん》屋《や》 

⑧ 千《せん》円《えん》 

 (122%に拡大してご使用ください)

ローマ字《じ》 (7)

名前

(1) 次《つぎ》のローマ字《じ》の読《よ》み方《かた》を，ひらがなで（　）に書《か》きましょう。

① Yamamoto Kenzi
（　　　　　　）

② Inoue Kana
（　　　　　　）

③ NIPPON
（　　　　　　）

④ TÔKYÔ
（　　　　　　）

⑤ Nara-ken
（　　　　　　）

⑥ Ôsaka-si
（　　　　　　）

(2) 次《つぎ》の人名《じんめい》や地名《ちめい》をローマ字《じ》で書《か》きましょう。（はじめの文字《もじ》を大文字《おおもじ》で書《か》きましょう。）

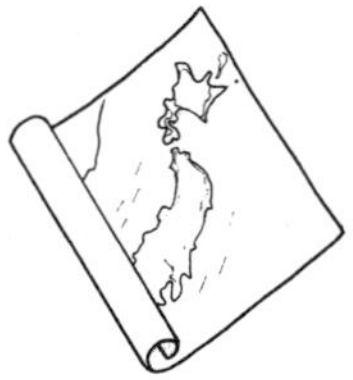

① さとう　けんた

② 青森県《あおもりけん》

(3) 自分《じぶん》の名前《なまえ》と，すんでいる県名《けんめい》をローマ字《じ》で書《か》きましょう。（はじめの文字《もじ》を大文字《おおもじ》で書《か》きましょう。）

① 自分《じぶん》の名前《なまえ》

② 自分《じぶん》がすんでいる県名《けんめい》

「し」や「ち」のように，書《か》き方《かた》が二《ふた》つあるものがあります。たしかめましょう。

	一《ひと》つ目《め》の書《か》き方《かた》	もう一《ひと》つの書《か》き方《かた》
し	si	shi
ち	ti	chi
じ	zi	ji
つ	tu	tsu
ふ	hu	fu
を	o	wo

	一《ひと》つ目《め》の書《か》き方《かた》	もう一《ひと》つの書《か》き方《かた》
しゃ　しゅ　しょ	sya　syu　syo	sha　shu　sho
ちゃ　ちゅ　ちょ	tya　tyu　tyo	cha　chu　cho
じゃ　じゅ　じょ	zya　zyu　zyo	ja　ju　jo

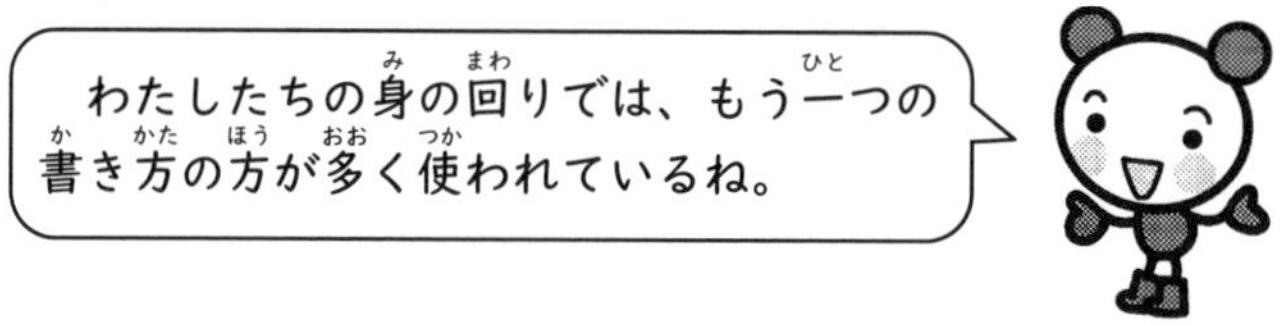

名前

● 次《つぎ》の，書《か》き方《かた》が二《ふた》つあるローマ字《じ》の読《よ》み方《かた》を，ひらがなで書《か》きましょう。

【(　) の中《なか》のローマ字《じ》は，同《おな》じ言葉《ことば》をべつの書《か》き方《かた》で書《か》いたものです。】

① shimauma (simauma) 

しまうま

② tsuki (tuki) 

③ chizu (tizu) 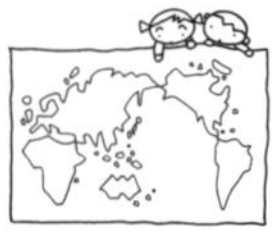

④ densha (densya) 

⑤ kujira (kuzira) 

⑥ tôfu (tôhu) 

⑦ Harajuku (Harazyuku)

⑧ Yamaguchi (Yamaguti)

ローマ字《じ》 (9)

名前

● ローマ字《じ》のしりとり遊《あそ》びをします。絵《え》に合《あ》う言葉《ことば》をローマ字《じ》で書《か》きましょう。
また，ローマ字《じ》のところは，読《よ》み方《かた》をひらがなで書《か》きましょう。

①

㋐ kuri

(　　　　)

↓

㋑

↓

㋒ gorira

(　　　　)

↓

㋓

②

㋐ senro

(　　　　)

↓

㋑

↓

㋒

↓

㋓ hûsen

(　　　　)

③

㋐

↓

㋑ kon'ya

(　　　　)

↓

㋒ yakyû

(　　　　)

↓

㋓

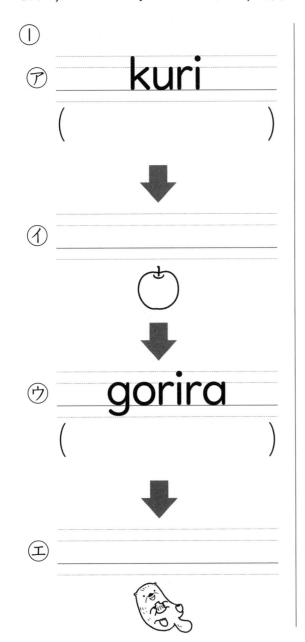

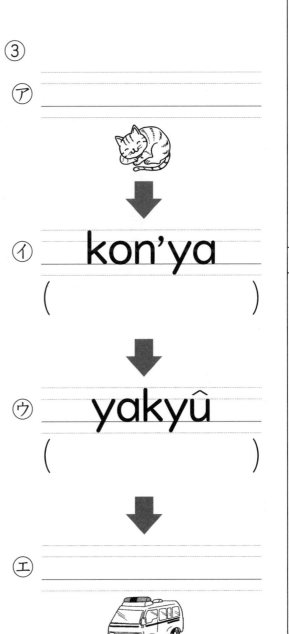

言葉《ことば》のたから箱《ばこ》（１）

（考《かんが》えや気持《きも》ちをつたえる言葉《ことば》）

名前

考《かんが》えや気《き》持《も》ちをつたえる言葉《ことば》の意味《いみ》や使《つか》い方《かた》をたしかめましょう。

(1) 次《つぎ》の言葉《ことば》とよくにた意味《いみ》を表《あらわ》す言葉《ことば》を（　）からえらんで、○でかこみましょう。

① のんびり（ゆったり・てきぱき）

② ほがらか（おこりっぽい・陽気《ようき》）

③ あっけない（もの足《た》りない・はっきりしない）

④ ていねい（いいかげん・ねん入《い》り）

(2) 次《つぎ》の文《ぶん》を読《よ》んで、――線《せん》を引《ひ》いた言葉《ことば》の意味《いみ》にあうものに、○をつけましょう。

① ぼくの意見《いけん》は、田中《たなか》さんとことなる意見《いけん》です。

（　）同《おな》じ。

（　）ちがう。

② 遠足《えんそく》の日《ひ》が、とても待《ま》ち遠《どお》しい。

（　）楽《たの》しみで、待《ま》つ時間《じかん》が長《なが》く感《かん》じられる様子《ようす》。

（　）長《なが》い間待《あいだま》って、つかれてしまっている様子《ようす》。

③ わたしは、どうろの向《む》こうにいる友《とも》だちをひっしでよんだ。

（　）てきとうで、いいかげんな様子《ようす》。

（　）いっしょうけんめいがんばる様子《ようす》。

言葉《ことば》のたから箱《ばこ》(2)
(考《かんが》えや気《き》持《も》ちをつたえる言葉《ことば》)

名前

考《かんが》えや気《き》持《も》ちをつたえる言葉《ことば》の意《い》味《み》や使《つか》い方《かた》をたしかめましょう。

(1) 次《つぎ》の言葉《ことば》と反対《はんたい》の意味《いみ》を表《あらわ》す言葉《ことば》を□からえらんで書《か》きましょう。

① あやふや ↕ （　　　）

② こうふんした ↕ （　　　）

③ 不便《ふべん》 ↕ （　　　）

・べんり　・はっきりした　・落《お》ち着《つ》いた

(2) 次《つぎ》の文《ぶん》の（　）にあてはまる言葉《ことば》を□からえらんで書《か》きましょう。

① おじさんの話《はなし》は、（　　　）で、ときどきねむくなる。

② おなかいっぱい食《た》べて、（　　　）だ。

③ 発表《はっぴょう》の順番《じゅんばん》がまわってきて、（　　　）で足《あし》がふるえた。

④ 先生《せんせい》の（　　　）な話《はなし》に、思《おも》わずわらってしまった。

・きんちょう　・ゆかい　・まんぞく　・たいくつ

本書の解答は，あくまでもひとつの例です。児童に取り組ませる前に，必ず指導される方が問題を解いてください。指導される方の作られた解答をもとに，児童の多様な考えに寄り添って○つけをお願いします。

解答例

4 頁

わかば

名前

● つぎの詩《し》を二回《にかい》読《よ》んで、答《こた》えましょう。

わかば

わかばを見《み》ると
むねが㋐晴《は》れ晴《ば》れする。
ぼくら子《こ》どもも　ほんとは
人間《にんげん》のわかば。
天《てん》が、ほら。
あんなに晴《は》れ晴《ば》れしている。
㋑ぼくらを見《み》まもって……。

※わかば…草《くさ》や木《き》の、生《は》え出《で》たばかりのはっぱ。

（令和二年度版　光村図書　国語三上　わかば　まど・みちお）

(1) ㋐晴《は》れ晴《ば》れとは、どんなようすをあらわすことばですか。○をつけましょう。
（　）むねがもやもやして、すっきりしないようす。

（○）晴《は》れた日《ひ》のように、明《あか》るくて気《き》もちがいいようす。

(2) ぼくら子《こ》どもも、ほんとは、何《なん》だといっていますか。

〔人間のわかば〕

(3) 天《てん》のようすをあらわしていることばを、詩《し》の中《なか》の四文字《よんもじ》で書《か》きましょう。

晴	れ	晴	れ

(4) ㋑ぼくらを見《み》まもって……いるのは、何《なん》ですか。一《ひと》つに○をつけましょう。
（　）わかば
（　）子《こ》ども
（○）天《てん》

5 頁

どきん

名前

● つぎの詩《し》を二回《にかい》読《よ》んで、答《こた》えましょう。

どきん
谷川《たにかわ》俊太郎《しゅんたろう》

さわってみようかなあ㋐　つるつる
おしてみようかなあ㋐　ゆらゆら
もすこしおそうかなあ㋐　ぐらぐら
もいちどおそうかあ　がらがら
たおれちゃったよなあ　えへへ
いんりょくかんじるねえ　みしみし
ちきゅうはまわってるう　ぐいぐい
かぜもふいてるよお　そよそよ
あるきはじめるかあ　ひたひた
だれかがふりむいた!　㋑どきん

（令和二年度版　光村図書　国語三上　わかば　谷川　俊太郎）

(1) くりかえしつかわれている、㋐かなあということばは、どんなようすをあらわしていますか。○をつけましょう。
（○）どうしようか、まよっているようす。

（　）はっきりと心《こころ》にきめたようす。

(2) ものがゆれているようすをあらわしていることば二《ふた》つに○をつけましょう。
（　）つるつる　（○）ゆらゆら
（○）ぐらぐら　（　）がらがら

(3) 風《かぜ》がしずかにふくようすをあらわしていることばを、詩《し》の中《なか》の四文字《よんもじ》で書《か》きましょう。

そ	よ	そ	よ

(4) ㋑どきんは、どんな気《き》もちをあらわしていますか。一《ひと》つに○をつけましょう。
（　）つまらないなあ。

（　）うれしいなあ。

（○）おどろいたなあ。

6 頁

きつつきの商売《しょうばい》 (1)

名前

● つぎの文《ぶん》しょうを二回《にかい》読《よ》んで、答《こた》えましょう。

1

きつつきが、お店《みせ》を開《ひら》きました。

それはもう、きつつきにぴったりのお店《みせ》です。

きつつきは、森中《もりじゅう》の木《き》の中《なか》から、えりすぐりの木《き》を見《み》つけてきて、かんばんをこしらえました。

かんばんにきざんだお店《みせ》の名前《なまえ》は、こうです。

おとや

※えりすぐり…よく考《かんが》えてえらんだ、よいもの。よりすぐり。

2

それだけでは、なんだか分《わ》かりにくいので、きつつきは、その後《あと》に、こう書《か》きました。

「できたての音《おと》、すてきないい音《おと》、お聞《き》かせします。四分音符《しぶおんぷ》一《いっ》こにつき、どれでも百《ひゃく》リル。」


（令和二年度版　光村図書　国語三上　わかば　林原《はやしばら》　玉枝《たまえ》）

1

(1) きつつきが開《ひら》いたお店《みせ》の名前《なまえ》は、何《なん》ですか。

〔おとや〕

(2) きつつきが、森中《もりじゅう》の木《き》の中《なか》から見《み》つけてきた木《き》でこしらえたものは、何《なん》ですか。

〔かんばん〕

2

(1) きつつきのお店《みせ》では、どんな音《おと》を聞《き》くことができますか。二《ふた》つ書《か》きましょう。

〔できたての音〕
〔すてきないい音〕

(2) きつつきのお店《みせ》の音《おと》のねだんは、四分音符《しぶおんぷ》一《いっ》こにつき、いくらですか。

〔百リル〕

7 頁

きつつきの商売《しょうばい》 (2)

名前

● つぎの文《ぶん》しょうを二回《にかい》読《よ》んで、答《こた》えましょう。

1

〔きつつきが「おとや」という、音《おと》を聞《き》かせるお店《みせ》を開《ひら》きました。〕

「へええ。どれでも百《ひゃく》リル。どんな音《おと》があるのかしら。」

そう言《い》って、㋐まっさきにやって来《き》たのは、茶色《ちゃいろ》い耳《みみ》をぴんと立《た》てた野《の》うさぎでした。

2

野《の》うさぎは、きつつきのさし出《だ》したメニューを、じっくりながめて、メニューのいちばんはじっこをゆびさしながら、

「これにするわ。」

と言《い》いました。

ぶなの音《おと》です。


（令和二年度版　光村図書　国語三上　わかば　林原《はやしばら》　玉枝《たまえ》）

1

(1) ㋐まっさきと同《おな》じことをあらわしていることばを、一《ひと》つえらんで○をつけましょう。
（○）さいしょ。いちばん先《さき》。

（　）二番目《にばんめ》。

（　）さいご。いちばんあと。

(2) きつつきのお店《みせ》にまっさきにやって来《き》たのは、だれでしたか。

〔野うさぎ〕

2

(1) 野《の》うさぎがメニューをじっくりながめたのは、何《なん》のためですか。○をつけましょう。
（　）音《おと》のねだんを見《み》るため。

（○）お店《みせ》にどんな音《おと》があるのかを見《み》て、音《おと》をえらぶため。

(2) 野《の》うさぎがえらんだ音《おと》は、何《なん》の音《おと》でしたか。

〔ぶな（の音）〕

本書の解答は，あくまでもひとつの例です。児童に取り組ませる前に，必ず指導される方が問題を解いてください。指導される方の作られた解答をもとに，児童の多様な考えに寄り添って○つけをお願いします。

8頁

きつつきの商売《しょうばい》 (3)

名前

● つぎの文《ぶん》しょうを二回読《にかいよ》んで、答《こた》えましょう。

1

〔野《の》うさぎは、きつつきのさし出《だ》したメニューをながめて、ぶなの音《おと》をえらびました。〕

「四分音符分《しぶおんぷぶん》、ちょうだい。」

「しょうちしました。」

では、どうぞこちらへ。」

きつつきは、野《の》うさぎをつれて、ぶなの森《もり》にやって来《き》ました。

※しょうちしました…わかりました。

2

それから、野《の》うさぎを、大《おお》きなぶなの木《き》の下《した》に立《た》たせると、自分《じぶん》は、木《き》のてっぺん近《ちか》くのみきに止《と》まりました。

㋐「さあ、いきますよ、いいですか。」

きつつきは、木《き》の上《うえ》から声《こえ》をかけました。野《の》うさぎは、きつつきを見上《みあ》げて、こっくりうなずきました。

（令和二年度版　光村図書　国語三上　わかば　林原《はやしばら》　玉枝《たまえ》）

1

(1) 野《の》うさぎは、ぶなの音《おと》をどれだけたのみましたか。一《ひと》つに○をつけましょう。

（　）四分間《よんぷんかん》の長《なが》さの分《ぶん》。

（〇）四分音符《しぶおんぷ》の長《なが》さの分《ぶん》。

（　）四回分《よんかいぶん》。

(2) きつつきは、野《の》うさぎをつれて、どこにやって来《き》ましたか。

〔ぶなの森〕

2

(1) きつつきは、野《の》うさぎを、どこに立《た》たせましたか。

〔（大きな）ぶなの木の下〕

(2) ㋐「さあ、いきますよ、いいですか。」について、答《こた》えましょう。

① だれが言《い》ったことばですか。

〔きつつき〕

② だれに言《い》ったことばですか。

〔野うさぎ〕

9頁

きつつきの商売《しょうばい》 (4)

名前

● つぎの文《ぶん》しょうを二回読《にかいよ》んで、答《こた》えましょう。

1

〔きつつきは、野《の》うさぎをつれて、ぶなの森《もり》にやって来《き》ました。〕

「では。」

きつつきは、ぶなの木《き》のみきを、くちばしで力《ちから》いっぱいたたきました。

コーン。

ぶなの木《き》の音《おと》が、ぶなの森《もり》にこだましました。

2

野《の》うさぎは、きつつきを見上《みあ》げたまま、だまって聞《き》いていました。きつつきも、うっとり聞《き》いていました。

四分音符分《しぶおんぷぶん》よりも、うんと長《なが》い時間《じかん》がすぎてゆきました。

（令和二年度版　光村図書　国語三上　わかば　林原《はやしばら》　玉枝《たまえ》）

1

(1) きつつきは、ぶなの木《き》のみきを、何《なに》で力《ちから》いっぱいたたきましたか。

〔くちばし〕

(2) ぶなの木《き》の音《おと》は、どんな音《おと》でしたか。その音《おと》を書《か》きましょう。

〔コーン〕

2

(1) ぶなの木《き》の音《おと》を、だまって聞《き》いていたのは、だれですか。

〔野うさぎ〕

(2) きつつきは、ぶなの木《き》の音《おと》を、どんなようすで聞《き》いていましたか。文《ぶん》の中《なか》のことば四文字《よんもじ》で書《か》きましょう。

うっとり

(3) ぶなの木《き》の音《おと》は、どれぐらいの間《あいだ》、ぶなの森《もり》にこだましていましたか。○をつけましょう。

（　）四分音符分《しぶおんぷぶん》ちょうどの長《なが》さ。

（〇）四分音符分《しぶおんぷぶん》より、うんと長《なが》い時間《じかん》。

10頁

本《ほん》は友《とも》だち

図書館《としょかん》たんていだん

名前

(1) 図書館《としょかん》の本《ほん》は、ないようごとに、番号《ばんごう》で分《わ》けてならべられています。つぎの本《ほん》の分類《ぶんるい》のしかたのれいを見《み》て、つぎの㋐〜㋒の本《ほん》が、0〜9のどの番号《ばんごう》のたなにあるかをよそうして、□に番号《ばんごう》で答《こた》えましょう。

〈本《ほん》の分類《ぶんるい》のしかたのれい〉

番号《ばんごう》	ないよう
0	しらべるための本《ほん》
1	ものの考《かんが》え方《かた》や心《こころ》についての本《ほん》
2	むかしのことや ちいきの本《ほん》
3	社会《しゃかい》のしくみの本《ほん》
4	しぜんにかかわる本《ほん》（星《ほし》・天気《てんき》・動物《どうぶつ》など）
5	ぎじゅつやきかいの本《ほん》（たてもの・電気《でんき》・船《ふね》など）
6	いろいろなしごとの本《ほん》
7	げいじゅつ（絵《え》・音楽《おんがく》など）やスポーツの本《ほん》
8	言葉《ことば》の本《ほん》（日本語《にほんご》・外国語《がいこくご》など）
9	文学《ぶんがく》の本《ほん》（ものがたり・詩《し》など）

※分類《ぶんるい》…ないようやしゅるいによって グループに分《わ》けること。

㋐ ものがたりの本《ほん》。　9

㋑ やきゅうのルールが分《わ》かる本《ほん》。　7

㋒ 星《ほし》の名前《なまえ》が分《わ》かる本《ほん》。　4

(2) つぎの①〜③のぶぶんの名前《なまえ》を、□からえらんで書《か》きましょう。（ならっていない漢字《かんじ》は、ひらがなで書《か》きましょう。）

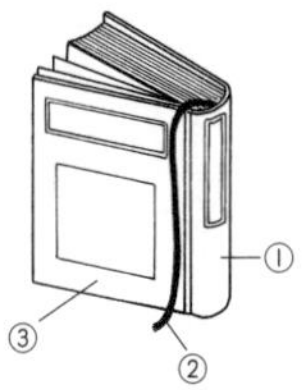

① 背（せ）

② しおり

③ 表紙

・しおり　・表紙《ひょうし》　・背《せ》

11頁

国語辞典《こくごじてん》を使《つか》おう (1)

名前

(1) 国語辞典《こくごじてん》には、図《ず》のように「つめ」があります。つぎの言葉《ことば》を調《しら》べるには、「あ」〜「わ」の、どの「つめ」のところを開《ひら》けばよいでしょうか。「あ」〜「わ」の文字《もじ》で答《こた》えましょう。

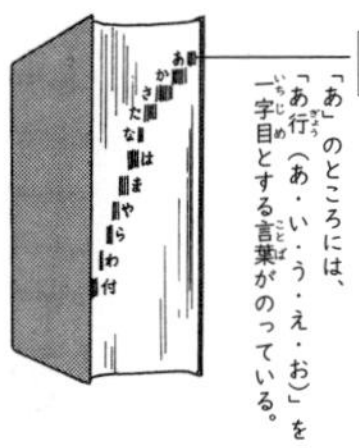

〈れい〉ふかい → は のつめ

① ちきゅう → た のつめ

② うっとり → あ のつめ

③ そうぞう → さ のつめ

(2) つぎの三《みっ》つの言葉《ことば》の意味《いみ》を調《しら》べます。国語辞典《こくごじてん》に「見出《みだ》し語《ご》」が出《で》てくる順《じゅん》に、1、2、3の番号《ばんごう》を書《か》きましょう。

見出《みだ》し語《ご》とは、国語辞典《こくごじてん》で、行《ぎょう》のはじめに太《ふと》い文字《もじ》で書《か》いてある言葉《ことば》です。見出《みだ》し語《ご》は、「あいうえお…」の五十音順《ごじゅうおんじゅん》にならんでいます。

①（1）あしか　（2）いるか　（3）うさぎ　（あ ← い ← う）

②（2）さくら　（1）あさがお　（3）なのはな

③（3）ふかい　（2）ひろい　（1）はやい

④（2）おとな　（3）こども　（1）あかちゃん

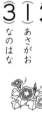

12 頁

国語《こくご》辞典《じてん》を使《つか》おう (2)

名前

(1) 国語《こくご》辞典《じてん》で「見出《みだ》し語《ご》」が先《さき》に出《で》てくる言葉《ことば》に、○をつけましょう。

一字目《いちじめ》が同《おな》じときは、二字目《にじめ》をくらべます。二字目《にじめ》も同《おな》じときは、三字目《さんじめ》をくらべます。たとえば、①の問題《もんだい》は、一字目《いちじめ》の「わ」が同《おな》じなので、二字目《にじめ》でくらべて考《かんが》えます。

① （○）わな　（ ）わに　（に←な）

② （ ）からし　（○）かかし

③ （ ）さんすう　（○）さんかく
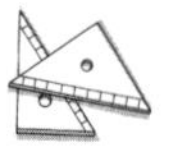

④ （○）きつつき　（ ）きつね

(2) 国語《こくご》辞典《じてん》で「見出《みだ》し語《ご》」が出《で》てくる順《じゅん》に、（　）に1、2、3の数字《すうじ》を書《か》きましょう。

① （2）あし　（3）あめ　（1）あき

② （1）きまり　（3）きもの　（2）きみどり

③ （3）おおゆき　（2）おおつぶ　（1）おおかみ

④ （1）もち　（3）もちつき　（2）もちあげる

12

13 頁

国語《こくご》辞典《じてん》を使《つか》おう (3)

名前

(1) 国語《こくご》辞典《じてん》で「見出《みだ》し語《ご》」が先《さき》に出《で》てくる言葉《ことば》に、○をつけましょう。

見出《みだ》し語《ご》は、「はひふへほ」のような清音《せいおん》
↓
「ばびぶべぼ（『゛』のつく文字《もじ》）」のような濁音《だくおん》
↓
「ぱぴぷぺぽ（『゜』のつく文字《もじ》）」のような半濁音《はんだくおん》の順《じゅん》でならんでいます。

① （○）かき　（ ）かぎ

② （ ）ぶた　（○）ふた

③ （○）クラス　（ ）グラス

④ （○）かんばん　（ ）かんぱん

(2) 国語《こくご》辞典《じてん》で「見出《みだ》し語《ご》」が出《で》てくる順《じゅん》に、（　）に1、2、3の数字《すうじ》を書《か》きましょう。

① （1）ホール　（3）ポール　（2）ボール

② （2）ぼろぼろ　（1）ほろほろ　（3）ぽろぽろ

③ （2）べん　（3）ペン　（1）へん

④ （3）ピザ　（2）ビザ　（1）ひざ
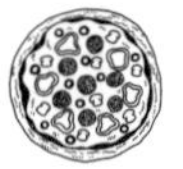

13

14 頁

国語《こくご》辞典《じてん》を使《つか》おう (4)

名前

(1) 国語《こくご》辞典《じてん》で「見出《みだ》し語《ご》」が先《さき》に出《で》てくる言葉《ことば》に、○をつけましょう。

カタカナののばす音《おん》は、「カード」↓「かあど」、「シール」↓「しいる」のように、「あ・い・う・え・お」におきかえられて、ならんでいます。

① （ ）かど　（○）カード（かあど）

② （○）シール（しいる）　（ ）しおり

③ （○）プール（ぷうる）　（ ）プリン

④ （○）こおり　（ ）ゴール（ごおる）

(2) 国語《こくご》辞典《じてん》で「見出《みだ》し語《ご》」が先《さき》に出《で》てくる言葉《ことば》に、○をつけましょう。

大《おお》きく書《か》くかな↓小《ちい》さく書《か》くかなの順《じゅん》に、ならんでいます。

① （○）じゆう　（ ）じゅう

② （ ）びょういん　（○）びよういん
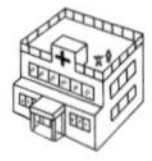

(3) 国語《こくご》辞典《じてん》で「見出《みだ》し語《ご》」が先《さき》に出《で》てくる言葉《ことば》に、○をつけましょう。

ひらがな↓カタカナの順《じゅん》に、ならんでいます。

① （ ）クラス　（○）くらす

② （○）ぼたん　（ ）ボタン

14

15 頁

国語《こくご》辞典《じてん》を使《つか》おう (5)

名前

(1) 文《ぶん》の中《なか》で、いろいろに形《かたち》をかえる言葉《ことば》があります。国語《こくご》辞典《じてん》で調《しら》べるとき、つぎの言葉《ことば》の中《なか》から「見出《みだ》し語《ご》」をえらんで、一《ひと》つに○をつけましょう。

いろいろに形《かたち》をかえる言葉《ことば》として、たとえば、「かいた」「かく」「かけば」などがあります。このときは、「かく」で調《しら》べます。「かく」が見出《みだ》し語《ご》です。

① （ ）かいた　（○）かく　（ ）かけば

② （ ）さがそう　（ ）さがします　（○）さがす

③ （ ）ひろかった　（ ）ひろくなる　（○）ひろい

④ （○）きれい　（ ）きれいで　（ ）きれいだろう

(2) つぎの――線《せん》の言葉《ことば》を、〈れい〉のように、国語《こくご》辞典《じてん》に出《で》ている形《かたち》になおして書《か》きましょう。

〈れい〉・まどを開《あ》けた。（開《あ》ける）
・楽《たの》しくあそぶ。（楽《たの》しい）
・しずかに読《よ》む。（しずか）

① おじいちゃんに手紙《てがみ》を出《だ》そう。　出す

② 大《おお》きなプールは、ふかかった。　ふかい

③ まつりの会場《かいじょう》は、にぎやかだ。　にぎやか

15

本書の解答は，あくまでもひとつの例です。児童に取り組ませる前に，必ず指導される方が問題を解いてください。指導される方の作られた解答をもとに，児童の多様な考えに寄り添って○つけをお願いします。

16頁

国語辞典《こくごじてん》を使《つか》おう (6)

名前

● つぎの――線《せん》の言葉《ことば》を、国語辞典《こくごじてん》に出《で》ている形《かたち》になおして書《か》きましょう。

① 先生《せんせい》が黒《こく》ばんに図《ず》をかきました。 かく

② きのうは一日中《いちにちじゅう》いそがしかった。 いそがしい

③ きょうの天気《てんき》はおだやかだ。 おだやか

④ プレゼントを早《はや》くわたしたい。 早い

⑤ 雨《あめ》がひどいから、外《そと》には出《で》ない。 出る

⑥ 漢字《かんじ》をていねいに書《か》く。 ていねい

⑦ 家《いえ》に帰《かえ》ったら、おやつを食《た》べよう。 帰る

⑧ つれた魚《さかな》が大《おお》きくて、うれしい。 大きい

16

17頁

国語辞典《こくごじてん》を使《つか》おう (7)

名前

(1) つぎの文《ぶん》について答《こた》えましょう。

毎朝七時半《まいあさしちじはん》に家《いえ》を出《で》ます。

① ――線《せん》の言葉《ことば》を、国語辞典《こくごじてん》に出《で》ている形《かたち》になおして書《か》きましょう。

出る

② ――線《せん》の言葉《ことば》の意味《いみ》をえらんで、一《ひと》つに○をつけましょう。

( ) 意味《いみ》① 内《うち》がわから外《そと》がわへ行《い》く。 〈①のれい文《ぶん》〉にわに出《で》る。

(○) 意味《いみ》② しゅっぱつする。 〈②のれい文《ぶん》〉電車《でんしゃ》がえきを出《で》る。

( ) 意味《いみ》③ しゅっせきする。 〈③のれい文《ぶん》〉じゅぎょうに出《で》る。

(2) つぎの文《ぶん》について答《こた》えましょう。

朝早《あさはや》くおきて、ゆっくり食《しょく》じをとろう。

① ――線《せん》の言葉《ことば》を、国語辞典《こくごじてん》に出《で》ている形《かたち》になおして書《か》きましょう。

とる

② ――線《せん》の言葉《ことば》の意味《いみ》をえらんで、一《ひと》つに○をつけましょう。

( ) 意味《いみ》① 手《て》にもつ。 〈①のれい文《ぶん》〉本《ほん》をとる。

( ) 意味《いみ》② とりのぞく。 〈②のれい文《ぶん》〉にわの草《くさ》をとる。

(○) 意味《いみ》③ 食《た》べたりのんだりする。 〈③のれい文《ぶん》〉夕食《ゆうしょく》をとる。

17

18頁

国語辞典《こくごじてん》を使《つか》おう (8)

名前

(1) つぎの文章《ぶんしょう》を読《よ》んで、答《こた》えましょう。

日曜日《にちようび》に、おじいちゃんに
合《あ》いにいきました。
おじいちゃんの家《いえ》は、
さかの上《うえ》にありましたが、
さか道《みち》は ㋐ だったので、
ぼくは平気《へいき》でした。

① ――線《せん》の漢字《かんじ》はまちがっています。正《ただ》しい漢字《かんじ》を□に書《か》きましょう。

「会 いにいきました。」

② ㋐ に入《はい》る言葉《ことば》のほうに○をつけましょう。

( ) さわやか

(○) なだらか

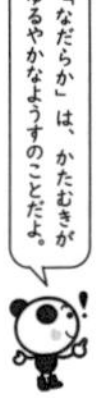

(2) つぎの文章《ぶんしょう》を読《よ》んで、答《こた》えましょう。

あこがれの気車《きしゃ》にのるための
きっぷを、おばあちゃんが
買《か》ってくれました。
そのきっぷをもらった日《ひ》から、
ずっと、 ㋑ して
います。

① ――線《せん》の漢字《かんじ》はまちがっています。正《ただ》しい漢字《かんじ》を□に書《か》きましょう。

「汽車 にのる」

② ㋑ に入《はい》る言葉《ことば》を一《ひと》つえらんで、○をつけましょう。

( ) ざわざわ

(○) わくわく

( ) もやもや

18

19頁

春《はる》のくらし (1) ―きせつの言葉《ことば》Ⅰ―

名前

● つぎの詩《し》を二回《にかい》読《よ》んで、答《こた》えましょう。

みどり

内田《うちだ》 麟太郎《りんたろう》

みどり　㋐まみどり
㋑こいみどり
㋒はるの　のやまは
よりどりみどり
みどりの　ことり
みどりに　かくれ
さがせど　さがせど
㋓こえばかり

※さがせど　さがせど…さがしても、さがしても、見《み》つからないようす。

(令和二年度版　光村図書　国語三上　わかば　内田　麟太郎)

(1) ㋐まみどりの、「ま」と同《おな》じ意味《いみ》を表《あらわ》す「ま」がつく言葉《ことば》を二《ふた》つえらんで、○をつけましょう。

(○) まっか　( ) まつ毛《げ》

( ) まつり　(○) まっくろ

(2) ㋑こいみどりの、「こい」とはんたいの意味《いみ》の言葉《ことば》に、○をつけましょう。

( ) ほそい　(○) うすい

(3) ㋒はるの　のやまは、どんなようすだと考《かんが》えられますか。

草木《くさき》の、さまざまな みどり 色《いろ》のわかばでおおわれているようす。

(4) ㋓こえばかりとは、何《なん》の声《こえ》ばかりが聞《き》こえるというのですか。

(みどりの)ことり

(5) ㋓こえばかり聞《き》こえるのは、どうしてですか。

みどり色《いろ》の小鳥《ことり》が、野山《のやま》のみどり色《いろ》にうまく かくれ ているから。

19

20頁

きせつの言葉《ことば》1
春《はる》のくらし (2)
名前

春《はる》とは、三月《さんがつ》、四月《しがつ》、五月《ごがつ》ごろのきせつです。

(1) 春《はる》にかんけいのあるやさいを三《みっ》つえらんで、○をつけましょう。

（○）春《はる》キャベツ　（○）新《しん》じゃが
（　）さつまいも　（　）きゅうり
（　）だいこん　（○）新玉《しんたま》ねぎ

春《はる》には、「新《しん》」や「春《はる》」がつくやさいが、よく食《た》べられます。

(2) 春《はる》によくとれる山菜《さんさい》や、野原《のはら》で見《み》かける草《くさ》などの食《た》べ物《もの》を三《みっ》つえらんで、○をつけましょう。

（○）よもぎ　（　）すすき
（　）くり　（○）たけのこ
（○）わらび　（　）いちょう

(3) 春《はる》にかんけいのある言葉《ことば》を一《ひと》つえらんで、○をつけましょう。

（　）いねかり　（○）たねまき
（　）月見《つきみ》　（　）豆《まめ》まき

(4) 春《はる》にかんけいのある、つぎの言葉《ことば》にあてはまるせつめいを——線《せん》でむすびましょう。

① なえ — たねからめを出《だ》したばかりの、やさいや草木《くさき》のこと。
② めばえ — 草木《くさき》のめが出《で》はじめること。

20

21頁

漢字《かんじ》の音《おん》と訓《くん》 (1)
名前

● 次《つぎ》の文章《ぶんしょう》を二回《にかい》読《よ》んで、答《こた》えましょう。

今日《きょう》は、㋐朝早《あさはや》くおきて、ゆっくり㋑朝食《ちょうしょく》をとった。

漢字《かんじ》の読《よ》み方《かた》には、「音《おん》」と「訓《くん》」があります。「朝」をれいに見《み》てみましょう。

朝
(音《おん》) チョウ　朝食《ちょうしょく》　早朝《そうちょう》
(訓《くん》) あさ　朝《あさ》　朝顔《あさがお》

「チョウ」のような「音《おん》」は、聞《き》いただけでは意味《いみ》の分《わ》かりにくいものが多《おお》く、「あさ」のような「訓《くん》」には、聞《き》いてすぐに意味《いみ》の分《わ》かるものがたくさんあります。

(令和二年度版　光村図書　国語三上　わかば　「漢字の音と訓」による)

(1) ㋐朝早《あさはや》くと、㋑朝食《ちょうしょく》の、それぞれの漢字《かんじ》の読《よ》み方《かた》を、ひらがなで書《か》きましょう。

㋐ 朝早く　あさはやく
㋑ 朝食　ちょうしょく

(2) （　）にあてはまる言葉《ことば》を書《か》きましょう。

漢字《かんじ》の読《よ》み方《かた》には、「（音）」と「（訓）」の二《ふた》とおりの読《よ》み方《かた》があります。

(3) 次《つぎ》の①、②の文章《ぶんしょう》は、「音《おん》」と「訓《くん》」のどちらの読《よ》み方《かた》のせつめいですか。——線《せん》でむすびましょう。

① 聞《き》いただけで意味《いみ》の分《わ》かるものが多《おお》い。 — 訓《くん》
② 聞《き》いただけでは意味《いみ》の分《わ》かりにくいものが多《おお》い。 — 音《おん》

21

22頁

漢字《かんじ》の音《おん》と訓《くん》 (2)
名前

(1) 次《つぎ》の漢字《かんじ》の読《よ》み方《かた》は、「音《おん》」・「訓《くん》」のどちらですか。○でかこみましょう。

たとえば、「朝」の漢字《かんじ》のように、「音《おん》」は、聞《き》いただけでは意味《いみ》が分《わ》かりにくいものが多《おお》く、「訓《くん》」は、聞《き》いてすぐに意味《いみ》の分《わ》かるものがたくさんあります。

朝　ちょう【音《おん》】　あさ【訓《くん》】

① 山　さん【(音)・訓《くん》】　やま【音《おん》・(訓)】
② 水　みず【音《おん》・(訓)】　すい【(音)・訓《くん》】

(2) ——線《せん》の漢字《かんじ》の読《よ》みがなを（　）にひらがなで書《か》きましょう。また、同《おな》じ漢字《かんじ》のそれぞれの読《よ》み方《かた》は、「音《おん》」・「訓《くん》」のどちらですか。○でかこみましょう。

① きゅうきゅう車（しゃ）が走《はし》る。　車【(音)・訓《くん》】
　大《おお》きな黒《くろ》い車（くるま）がとまっている。　車【音《おん》・(訓)】

② 校長先生《こうちょうせんせい》の話（はなし）をきく。　話【音《おん》・(訓)】
　友《とも》だちとの会話（わ）《かい》は、楽《たの》しい。　話【(音)・訓《くん》】

22

23頁

漢字《かんじ》の音《おん》と訓《くん》 (3)
名前

(1) 次《つぎ》の言葉《ことば》の読《よ》みがなを（　）にひらがなで書《か》きましょう。また、その言葉《ことば》の中《なか》の——線《せん》の漢字《かんじ》の読《よ》み方《かた》は「音《おん》」・「訓《くん》」のどちらですか。○でかこみましょう。

① 半年（はんとし）　年【音《おん》・(訓)】
　新年（しんねん）　年【(音)・訓《くん》】

② 親友（しんゆう）　親【(音)・訓《くん》】
　母親（ははおや）　親【音《おん》・(訓)】

(2) ——線《せん》の漢字《かんじ》の読《よ》みがなを（　）にひらがなで書《か》きましょう。また、その言葉《ことば》の中《なか》の、それぞれの漢字《かんじ》の読《よ》み方《かた》は「音《おん》」・「訓《くん》」のどちらですか。○でかこみましょう。

① えきのそばに、とても大《おお》きな公園（こうえん）がある。
　公【(音)・訓《くん》】　園【(音)・訓《くん》】

② 図書館《としょかん》までの近道（ちかみち）を妹《いもうと》に教《おし》えた。
　近【音《おん》・(訓)】　道【音《おん》・(訓)】

③ 毎朝（まいあさ）、ピアノのれんしゅうをする。
　毎【(音)・訓《くん》】　朝【音《おん》・(訓)】

23

本書の解答は，あくまでもひとつの例です。児童に取り組ませる前に，必ず指導される方が問題を解いてください。指導される方の作られた解答をもとに，児童の多様な考えに寄り添って〇つけをお願いします。

24頁

漢字《かんじ》の音《おん》と訓《くん》 (4)

名前

● ――線《せん》の漢字《かんじ》の読《よ》みがなを、「音読《おんよ》み」はカタカナで、「訓読《くんよ》み」はひらがなで書《か》きましょう。

①
ぼくは、学校《がっこう》へ行く。　い（く）
次《つぎ》の文《ぶん》は、行をかえて書《か》こう。　ギョウ

②
きょうは、図画工作《ずがこうさく》の時間がある。　ジカン
電車《でんしゃ》をまつ間に、本《ほん》を読《よ》む。　あいだ

③
女《おんな》の子《こ》の人数《にんずう》が、男《おとこ》の子《こ》より少ない。　すく（ない）
少女は、犬《いぬ》のさんぽに出《で》かけた。　ショウジョ

④
あしたの遠足が楽《たの》しみだ。　エンソク
おばあちゃんは、遠いところにすんでいる。　とお（い）

25頁

漢字《かんじ》の音《おん》と訓《くん》 (5)

名前

● ――線《せん》の漢字《かんじ》の読《よ》みがなをひらがなで書《か》きましょう。

① 二《に》ひきの小（ちい）さなかわいいうさぎを、小学校（しょうがっこう）でかっている。

② 三回（さんかい）ちょうせんして、やっとこまをうまく回（まわ）すことができた。

③ 地下（ちか）へとつづくかいだんを下（お）りる。

④ 大《おお》きな紙《かみ》を切（き）るとき、友《とも》だちが親切（しんせつ）にてつだってくれた。

⑤ 音楽（おんがく）の時間《じかん》に、みんなで楽（たの）しく歌《うた》を歌《うた》った。

⑥ 二人《ふたり》で数（かず）をなんども数（かぞ）えて、合計《ごうけい》の点数（てんすう）をたしかめた。

26頁

もっと知《し》りたい、友《とも》だちのこと

名前

教科書《きょうかしょ》の「もっと知《し》りたい、友《とも》だちのこと」を読《よ》んで、答《こた》えましょう。

● 友《とも》だちが家《いえ》でかっているクマノミという魚《さかな》について、話《はなし》をしてくれました。お話《はなし》の文章《ぶんしょう》を読《よ》んで、①～③のことをたずねたいときのしつもんの文《ぶん》を、（　）の言葉《ことば》を使《つか》って書《か》きましょう。

わたしが大切《たいせつ》にしているのは、家《いえ》でかっているクマノミです。
クマノミは、オレンジ色《いろ》に、白《しろ》いおびのようなもようがある、きれいな魚《さかな》です。見《み》ていると、いつも明《あか》るい気《き》もちになります。
とくに、えさを食《た》べているところがかわいくて、大《だい》すきです。
これからも大切《たいせつ》にしたいです。

〈れい〉クマノミの数《かず》。（何《なん》びき）
クマノミを何《なん》びきかっていますか。

① クマノミの大《おお》きさ。（どれぐらい）
（れい）クマノミは、どれぐらいの大きさですか。

② クマノミをかいはじめたとき。（いつから）
（れい）いつから、クマノミをかいはじめたのですか。

③ クマノミをかいはじめた理由《りゆう》。（どうして）
（れい）どうして、クマノミをかいはじめたのですか。

（令和二年度版　光村図書　国語三上　わかば「もっと知りたい、友だちのこと」による）

27頁

きちんとつたえるために

名前

● 次《つぎ》の四《よん》コマまんがを読《よ》んで、答《こた》えましょう。

(1) ゆうこさんとなおさんの話《はなし》が食《く》いちがってしまったのは、どうしてですか。一《ひと》つに〇をつけましょう。

（　）ゆうこさんが、いちばんすきな花《はな》の名前《なまえ》を知《し》らなかったため。
（〇）二人《ふたり》とも「何《なに》がきれいだったか」ということを、つたえていなかったため。
（　）二人《ふたり》とも「どうしてきれいだと思《おも》ったか」を、つたえていなかったため。

(2) 二人《ふたり》は、2の場面《ばめん》で、きちんとつたえるためにそれぞれどのように言《い》えばよかったのでしょうか。（　）にあてはまる言葉《ことば》を□からえらんで書《か》きましょう。

ゆうこさん「（洋服）が、きれいだったね。」
なおさん「きれいな（花たば）だったね。いろいろな色《いろ》の（花）が、あったね。」

・花《はな》たば
・洋服《ようふく》
・花《はな》

28 頁

言葉《ことば》で遊《あそ》ぼう (1)

名前

● 次《つぎ》の文章《ぶんしょう》を二回《にかい》読《よ》んで、答《こた》えましょう。

① みなさんは、しりとりや早口言葉《はやくちことば》で遊《あそ》んだことがありますか。これらは、古《ふる》くから多《おお》くの人《ひと》に親《した》しまれている言葉遊《ことばあそ》びです。言葉遊《ことばあそ》びには、ほかにどのようなものがあるのでしょうか。また、どのような楽《たの》しさがあるのでしょうか。

（令和二年度版 光村図書 国語三上 わかば 小野《おの》 恭靖《みつやす》）

(1) 古《ふる》くから多《おお》くの人《ひと》に親《した》しまれている言葉遊《ことばあそ》びの名前《なまえ》を、文章《ぶんしょう》の中《なか》から二《ふた》つ書《か》きましょう。

［しりとり］

［早口言葉］

(2) 上《うえ》の文章《ぶんしょう》から、次《つぎ》の言葉《ことば》につづく「問《と》い」の文《ぶん》（たずねている文《ぶん》）を、二《ふた》つ書《か》き出《だ》しましょう。

言葉遊《ことばあそ》びには、
［ほかにどのようなものがあるのでしょうか。］

言葉遊《ことばあそ》びには、
［どのような楽しさがあるのでしょうか。］

29 頁

言葉《ことば》で遊《あそ》ぼう (2)

名前

● 次《つぎ》の文章《ぶんしょう》を二回《にかい》読《よ》んで、答《こた》えましょう。

1

② にた音《おと》や同《おな》じ音《おと》の言葉《ことば》を使《つか》って文《ぶん》を作《つく》るのが、㋐しゃれです。たとえば、「ふとんがふっとんだ。」「イクラはいくらだ。」がそうです。しゃれは、「ふとん」と「ふっとんだ」や、食《た》べ物《もの》の「イクラ」と数《かず》やねだんをたずねる「いくら」のように、にた音《おと》や同《おな》じ音《おと》の言葉《ことば》を使《つか》って作《つく》られます。

2

言葉《ことば》には、にた音《おと》や同《おな》じ音《おと》であっても、意味《いみ》がちがうものがあります。しゃれには、言葉《ことば》のもつ音《おと》と意味《いみ》とを組《く》み合《あ》わせるという楽《たの》しさがあるのです。

（令和二年度版 光村図書 国語三上 わかば 小野《おの》 恭靖《みつやす》）

1

(1) ②の段落《だんらく》（上《うえ》の1と2の文章《ぶんしょう》）でせつめいしているのは、何《なん》という言葉遊《ことばあそ》びについてですか。

［しゃれ］

(2) ㋐しゃれは、どんな言葉《ことば》を使《つか》って、文《ぶん》を作《つく》るものですか。

［にた音］や［同じ音］の言葉《ことば》。

(3) にた音《おと》の言葉《ことば》を使《つか》った㋐しゃれのれいに、○をつけましょう。

（○）ふとんがふっとんだ。
（　）イクラはいくらだ。

2

しゃれには、どのような楽《たの》しさがありますか。文章《ぶんしょう》の中《なか》からあてはまる言葉《ことば》を書《か》き出《だ》しましょう。

［言葉のもつ音と意味とを組み合わせる］という楽《たの》しさ。

30 頁

言葉《ことば》で遊《あそ》ぼう (3)

名前

● 次《つぎ》の文章《ぶんしょう》を二回《にかい》読《よ》んで、答《こた》えましょう。

1

③ 上《うえ》から読《よ》んでも下《した》から読《よ》んでも同《おな》じになる言葉《ことば》や文《ぶん》が、回文《かいぶん》です。回文《かいぶん》には、「きつつき」や「しんぶんし」のような短《みじか》い言葉《ことば》もあれば、「わたしたわしわたしたわ。」のように長《なが》い文《ぶん》のものもあります。

2

回文《かいぶん》になっている言葉《ことば》や文《ぶん》を見《み》つけたり、自分《じぶん》で作《つく》ったりする楽《たの》しさがあります。回文《かいぶん》は、長《なが》くなればなるほど、作《つく》るのがむずかしくなりますが、できたときのうれしさも大《おお》きくなります。

（令和二年度版 光村図書 国語三上 わかば 小野《おの》 恭靖《みつやす》）

1

(1) ③の段落《だんらく》（上《うえ》の1と2の文章《ぶんしょう》）でせつめいしているのは、何《なん》という言葉遊《ことばあそ》びについてですか。

［回文］

(2) 回文《かいぶん》は、どのような言葉遊《ことばあそ》びですか。

［上から読んでも下から読んでも］同《おな》じになる言葉《ことば》や文《ぶん》。

2

(1) 回文《かいぶん》には、どのような楽《たの》しさがありますか。二《ふた》つに○をつけましょう。

（　）回文《かいぶん》を音読《おんどく》する楽《たの》しさ。
（○）回文《かいぶん》になっている言葉《ことば》や文《ぶん》を見《み》つける楽《たの》しさ。
（○）回文《かいぶん》を自分《じぶん》で作《つく》る楽《たの》しさ。

(2) 回文《かいぶん》は、長《なが》くなればなるほど、どうなりますか。二《ふた》つ書《か》きましょう。

［作る］のがむずかしくなる。

［できたときの うれしさ は、大《おお》きくなる。］

31 頁

言葉《ことば》で遊《あそ》ぼう (4)

名前

● 次《つぎ》の文章《ぶんしょう》を二回《にかい》読《よ》んで、答《こた》えましょう。

1

④ 言葉《ことば》を作《つく》っている文字《もじ》の順番《じゅんばん》をならべかえて、べつの言葉《ことば》を作《つく》るのが、アナグラムです。たとえば、「とけい」をならべかえると、「けいと」という言葉《ことば》ができますし、「くつみがき」をならべかえると、「実《み》がつく木《き》」というひとまとまりの言葉《ことば》ができます。

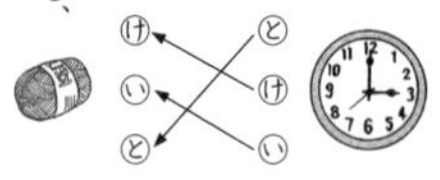

2

アナグラムには、元《もと》の言葉《ことば》とは全《まった》くちがう意味《いみ》の言葉《ことば》を作《つく》る楽《たの》しさがあるのです。

（令和二年度版 光村図書 国語三上 わかば 小野《おの》 恭靖《みつやす》）

1

(1) ④の段落《だんらく》（上《うえ》の1と2の文章《ぶんしょう》）でせつめいしているのは、何《なん》という言葉遊《ことばあそ》びについてですか。

［アナグラム］

(2) アナグラムは、どのような言葉遊《ことばあそ》びですか。
（ならっていない漢字《かんじ》は、ひらがなで書《か》きましょう。）

言葉《ことば》を作《つく》っている文字《もじ》の［順番］をならべかえて、［べつの言葉］を作《つく》る。

(3) 「けいと」は、何《なん》という言葉《ことば》をならべかえて作《つく》った、アナグラムのれいですか。

［とけい］

2

アナグラムには、どのような楽《たの》しさがありますか。文章《ぶんしょう》の中《なか》から書《か》き出《だ》しましょう。

［元の言葉とは全くちがう意味の言葉を作る楽しさ］

解答例

本書の解答は，あくまでもひとつの例です。児童に取り組ませる前に，必ず指導される方が問題を解いてください。指導される方の作られた解答をもとに，児童の多様な考えに寄り添って○つけをお願いします。

32頁　言葉《ことば》で遊《あそ》ぼう　(5)

名前

● 次《つぎ》の文章《ぶんしょう》を二回《にかい》読《よ》んで、答《こた》えましょう。

1

⑤ このように、言葉遊《ことばあそ》びには
いろいろあり、それぞれに
楽《たの》しさがあります。
言葉遊《ことばあそ》びをするのには、
とくべつなどうぐや、
広《ひろ》い場所《ばしょ》は　いりません。
ふだん使《つか》っている言葉《ことば》だけで、
楽《たの》しい時間《じかん》をすごすことが
できるのです。

2

人々《ひとびと》は、昔《むかし》から言葉遊《ことばあそ》びを
通《とお》して、言葉《ことば》のおもしろさに
ふれてきました。あなたも、
言葉遊《ことばあそ》びを楽《たの》しんで
みましょう。

（令和二年度版　光村図書　国語三上　わかば　小野《おの》恭靖）

1

(1) ⑤の段落《だんらく》(上《うえ》の1と2の文章《ぶんしょう》)は、言葉遊《ことばあそ》びについてこれまでせつめいしてきたことをまとめた段落《だんらく》です。せつめい文《ぶん》のまとめのはじめによく使《つか》われている言葉《ことば》を五文字《ごもじ》で書《か》き出《だ》しましょう。

［このように］

(2) 言葉遊《ことばあそ》びをするとき、何《なに》があれば、楽《たの》しい時間《じかん》がすごせると書《か》いていますか。いるものに○、いらないものに×をつけましょう。

(×) とくべつな　どうぐ。
(×) 広《ひろ》い場所《ばしょ》。
(○) ふだん使《つか》っている言葉《ことば》。

2

昔《むかし》から人々《ひとびと》が言葉遊《ことばあそ》びを通《とお》してふれてきたものは、何《なん》ですか。

［言葉のおもしろさ］

33頁　こまを楽《たの》しむ　(1)

名前

● 次《つぎ》の文章《ぶんしょう》を二回《にかい》読《よ》んで、答《こた》えましょう。

1

〔日本《にほん》は、世界《せかい》でいちばんこまのしゅるいが多《おお》い国《くに》だといわれています。〕

色《いろ》がわりごまは、
回《まわ》っているときの色《いろ》を
楽《たの》しむこまです。

2

こまの表面《ひょうめん》には、もようが
えがかれています。
ひねって回《まわ》すと、もように
使《つか》われている色《いろ》が
まざり合《あ》い、元《もと》の色《いろ》と
ちがう色《いろ》にかわるのが
とくちょうです。
同《おな》じこまでも、
回《まわ》すはやさによって、
見《み》える色《いろ》がかわってきます。

（令和二年度版　光村図書　国語三上　わかば　安藤《あんどう》正樹《まさき》）

1

(1) 上《うえ》の1、2の文章《ぶんしょう》は、何《なん》というこまについてせつめいしていますか。

［色がわりごま］

(2) このこまは、何《なに》を楽《たの》しむこまですか。

［回っているときの色］

2

(1) こまの表面《ひょうめん》にえがかれているものは、何《なん》ですか。

［もよう］

(2) 色《いろ》がわりごまのとくちょうとしてあてはまるものに○をつけましょう。

(　) 回《まわ》しても、もようの色《いろ》がそのまままきれいに見《み》える。
(○) 回《まわ》すと、元《もと》の色《いろ》とちがう色《いろ》にかわる。

(3) 同《おな》じ色《いろ》がわりごまでも、何《なに》によって、見《み》える色《いろ》がかわってきますか。

［回すはやさ］

34頁　こまを楽《たの》しむ　(2)

名前

● 次《つぎ》の文章《ぶんしょう》を二回《にかい》読《よ》んで、答《こた》えましょう。

1

鳴《な》りごまは、
回《まわ》っているときの音《おと》を
楽《たの》しむこまです。

2

こまのどうは大《おお》きく、中《なか》が
くうどうになっていて、
どうの横《よこ》には、細長《ほそなが》いあなが
空《あ》いています。ひもを
引《ひ》っぱって回《まわ》すと、あなから
風《かぜ》が入《はい》りこんで、ボーッと
いう音《おと》が鳴《な》ります。
その音《おと》から、うなりごまとも
よばれています。

※どう…物《もの》の、まん中《なか》のぶぶん。
※くうどう…中《なか》に何《なに》もなく、からっぽなこと。

（令和二年度版　光村図書　国語三上　わかば　安藤《あんどう》正樹《まさき》）

1

(1) 上《うえ》の1、2の文章《ぶんしょう》は、何《なん》というこまについてせつめいしていますか。

［鳴りごま］

(2) このこまは、何《なに》を楽《たの》しむこまですか。

［回っているときの音］

2

(1) 鳴《な》りごまのどうのつくりについてあてはまるもの二《ふた》つに、○をつけましょう。

(○) 大《おお》きなどうの中《なか》はくうどうになっている。
(　) あなが一《ひと》つも空《あ》いていない。
(○) 横《よこ》にあなが空《あ》いている。

(2) 鳴《な》りごまを回《まわ》すと、どんな音《おと》が鳴《な》りますか。

［ボーッ］という音《おと》。

(3) 鳴《な》りごまは、その音《おと》から何《なん》とよばれることがありますか。

［うなりごま］

35頁　こまを楽《たの》しむ　(3)

名前

● 次《つぎ》の文章《ぶんしょう》を二回《にかい》読《よ》んで、答《こた》えましょう。

1

さか立《だ》ちごまは、
とちゅうから
回《まわ》り方《かた》がかわり、
その動《うご》きを楽《たの》しむ
こまです。

2

このこまは、ボールのような
丸《まる》いどうをしています。
指《ゆび》で心《しん》ぼうをつまんで、
いきおいよく回《まわ》すと、
はじめはふつうに
回《まわ》るのですが、回《まわ》っていく
うちに、だんだんかたむいて
いきます。そして、
さいごは、さかさまに
おき上《あ》がって回《まわ》ります。

※心《しん》ぼう…回《まわ》る物《もの》の、じくになっているぼう。

（令和二年度版　光村図書　国語三上　わかば　安藤《あんどう》正樹《まさき》）

1

(1) 上《うえ》の1、2の文章《ぶんしょう》は、何《なん》というこまについてせつめいしていますか。

［さか立ちごま］

(2) このこまは、何《なに》を楽《たの》しむこまですか。○をつけましょう。

(　) はじめからさかさまで回《まわ》るところ。
(○) とちゅうから回《まわ》り方《かた》がかわる動《うご》き。

2

(1) さか立《だ》ちごまのどうは、どんな形《かたち》をしていますか。

［ボール］のような丸《まる》い形《かたち》。

(2) さか立《だ》ちごまを回《まわ》すと、次《つぎ》の①〜③のとき、どのように回《まわ》りますか。

① はじめ
［ふつう］に回《まわ》る。

② とちゅう
だんだん［かたむいて］いく。

③ さいご
［さかさま］におき上《あ》がって回《まわ》る。

36頁

こまを楽《たの》しむ (4)

名前

● 次《つぎ》の文章《ぶんしょう》を二回読《にかいよ》んで、答《こた》えましょう。

1

たたきごまは、
たたいて
回《まわ》しつづけることを
楽《たの》しむこまです。

2

このこまのどうは、
細長《ほそなが》い形《かたち》をしています。
手《て》やひもを使《つか》って回《まわ》した後《あと》、
どうの下《した》のぶぶんを
むちでたたいて、
かいてんを
くわえます。
止《と》まらないように、
上手《じょうず》にたたいて力《ちから》を
つたえることで、
長《なが》く回《まわ》して楽《たの》しみます。

（令和二年度版　光村図書　国語三上　わかば　安藤《あんどう》　正樹《まさき》）

1

(1) 上《うえ》の1、2の文章《ぶんしょう》は、何《なん》という
こまについてせつめいしていますか。

〔たたきごま〕

(2) このこまは、何《なに》を楽《たの》しむ
こまですか。

〔たたいて回し
つづけること〕

2

(1) たたきごまのどうは、どんな
形《かたち》をしていますか。

〔細長い形〕

(2) たたきごまのどうの下《した》のぶぶんを
たたいてかいてんをくわえるとき、何《なに》を
使《つか》いますか。一《ひと》つに○をつけましょう。

（　）手《て》
（　）ひも
（○）むち

(3) たたきごまは、どうすることで、
長《なが》く回《まわ》して楽《たの》しめますか。

〔上手《じょうず》にたたいて
力をつたえる
こと。〕

37頁

じょうほう
全《ぜん》体《たい》と中《ちゅう》心《しん》

名前

● 文章全体《ぶんしょうぜんたい》を見《み》て、お話《はなし》の中心《ちゅうしん》がどこかを考《かんが》えます。次《つぎ》の校長先生《こうちょうせんせい》のお話《はなし》の文章《ぶんしょう》を
二回読《にかいよ》んで、答《こた》えましょう。

五月《ごがつ》になりましたが、
新《あたら》しい学年《がくねん》には なれましたか。
どんどん楽《たの》しい学校《がっこう》にして
いきたいですね。
それでは、学校《がっこう》のみんなで
楽《たの》しく生活《せいかつ》するには、
どうしたらいいのでしょうか。
遊《あそ》んだり、歌《うた》を歌《うた》ったり
するのもいいでしょう。
でも、大切《たいせつ》なのは、
あいさつです。あいさつは、
したほうも、されたほうも
気《き》もちよくなりますね。
まずは、毎日《まいにち》のあいさつから
はじめましょう。

（令和二年度版　光村図書　国語三上　わかば　「全体と中心」による）

(1) 文章全体《ぶんしょうぜんたい》から、その文章《ぶんしょう》の
中心《ちゅうしん》がどこかを考《かんが》えるとき、何《なに》を
見《み》つけることが手《て》がかりになり
ますか。二《ふた》つに○をつけましょう。

（○）「問《と》い」
（　）「きせつの言葉《ことば》」
（○）「答《こた》え」

(2) 上《うえ》の文章《ぶんしょう》の中心《ちゅうしん》を考《かんが》えるとき、
「問《と》い」の文《ぶん》は、どの文《ぶん》ですか。
文章《ぶんしょう》の中《なか》から書《か》き出《だ》しましょう。

〔学校《がっこう》のみんなで
楽しく生活する
には、どうしたら
いいのでしょうか。〕

(3) 上《うえ》の文章《ぶんしょう》の、「問《と》い」の文《ぶん》に
たいする「答《こた》え」の文《ぶん》は、どの
文《ぶん》ですか。○をつけましょう。

（　）遊《あそ》んだり、歌《うた》を歌《うた》ったり
　するのもいいでしょう。
（○）大切《たいせつ》なのは、あいさつです。

「問《と》い」にたいする、この「答《こた》え」が、
このお話《はなし》の中心《ちゅうしん》（言《い》いたいこと）に
なります。

38頁

気《き》もちをこめて「来てください」(1)

名前

(1) 次《つぎ》の①、②の文章《ぶんしょう》は、学校《がっこう》
行事《ぎょうじ》のあんないの手紙《てがみ》を書《か》く
とき、はじめに考《かんが》えることを
せつめいしています。（　）に
あてはまる言葉《ことば》を□から
えらんで書《か》きましょう。

① だれに、何《なん》の行事《ぎょうじ》を
（お知らせ）
したいか考《かんが》え、書《か》く相手《あいて》を
決《き》める。

② 相手《あいて》に来《き》てもらうために、
次《つぎ》のつたえること㋐〜㋒を
考《かんが》える。

㋐ いつ、（どこで）、
何《なに》をするのか。

㋑（行事）の
せつめいや自分《じぶん》がすること。

㋒ ぜひ来《き》てほしいという
（気もち）。

・行事《ぎょうじ》　・気《き》もち
・どこで　・お知《し》らせ

(2) 森川《もりかわ》さんは、運動会《うんどうかい》のお知《し》らせを、
ほいく園《えん》の高村先生《たかむらせんせい》に書《か》くことに
しました。
まず、つたえることをメモに整理《せいり》
します。（　）にあてはまる言葉《ことば》を
□からえらんで書《か》きましょう。

・メモ

行事《ぎょうじ》：（運動会）
相手《あいて》：高村《たかむら》みちる先生《せんせい》

（日時）	五月三十日《ごがつさんじゅうにち》（土《ど》） 午前九時《ごぜんくじ》
（場所）	ひかり小学校運動場《しょうがっこううんどうじょう》
自分《じぶん》が すること	・八十《はちじゅう》メートル走《そう》 ・ダンス ・（つな引き）
（気もち）	・がんばるから、 見《み》に来《き》てほしい。

（令和二年度版　光村図書　国語三上　わかば　「気もちをこめて「来てください」」による）

・場所《ばしょ》　・運動会《うんどうかい》　・気《き》もち
・つな引《ひ》き　・日時《にちじ》

メモのないようが正《ただ》しいか、
つけ足《た》したほうがよいことはないかを
友《とも》だちとたしかめ合《あ》いましょう。

39頁

気《き》もちをこめて「来《き》てください」(2)

名前

● 次《つぎ》は、運動会《うんどうかい》のあんないの手紙《てがみ》です。手紙《てがみ》の文章《ぶんしょう》を二回読《にかいよ》んで、答《こた》えましょう。

㋐
緑《みどり》がきれいなきせつに
なりました。
高村先生《たかむらせんせい》、お元気《げんき》ですか。
ぼくは元気《げんき》です。

㋑
こんど、ぼくが通《かよ》う
小学校《しょうがっこう》で運動会《うんどうかい》が
開《ひら》かれますので、ごあんない
します。
日時《にちじ》　五月三十日《ごがつさんじゅうにち》（土《ど》）
　午前九時《ごぜんくじ》から午後三時《ごごさんじ》
場所《ばしょ》　ひかり小学校《しょうがっこう》
　運動場《うんどうじょう》
ぼくは、八十《はちじゅう》メートル走《そう》と
ダンス、つな引《ひ》きに出《で》ます。
毎日《まいにち》、れんしゅうを
しています。どれも
力《ちから》いっぱいがんばるので、
ぜひ見《み》に来《き》てください。

㋒
五月十二日《ごがつじゅうににち》
森川《もりかわ》そうた
高村《たかむら》みちる先生《せんせい》

（令和二年度版　光村図書　国語三上　わかば　「気もちをこめて「来てください」」による）

(1) はじめのあいさつは、㋐㋑㋒の
うち、どれですか。記号《きごう》で
答《こた》えましょう。

〔㋐〕

(2) ㋑のところで、何《なに》をつたえて
いますか。三《みっ》つえらんで○を
つけましょう。

（　）緑《みどり》がきれいなこと。
（○）あんないした行事《ぎょうじ》の日時《にちじ》や
　場所《ばしょ》のせつめい。
（○）自分《じぶん》が行事《ぎょうじ》ですること。
（　）手紙《てがみ》を書《か》いた日《ひ》づけ。
（○）ぜひ来《き》てほしいという
　自分《じぶん》の気《き》もち。

(3) この手紙《てがみ》を書《か》いた人《ひと》の名前《なまえ》を
書《か》きましょう。

〔森川そうた〕

(4) この手紙《てがみ》をとどけたい相手《あいて》の
名前《なまえ》を書《か》きましょう。

〔高村みちる（先生）〕

本書の解答は，あくまでもひとつの例です。児童に取り組ませる前に，必ず指導される方が問題を解いてください。指導される方の作られた解答をもとに，児童の多様な考えに寄り添って○つけをお願いします。

40頁

まいごのかぎ　(1)

名前

● 次《つぎ》の文章《ぶんしょう》を二回読《にかいよ》んで、答《こた》えましょう。

1

海《うみ》ぞいの町《まち》に、ぱりっと
したシャツのような夏《なつ》の風《かぜ》が
ふきぬけます。だけど、
学校帰《がっこうがえ》りの道《みち》を行《い》くりいこは、
うつむきがちなのです。
「またよけいなことを
しちゃったな。」
りいこは、
しょんぼりと
歩《ある》きながら、つぶやきました。

2

三時間目《さんじかんめ》の図工《ずこう》の時間《じかん》に、
みんなで学校《がっこう》のまわりの絵《え》を
かきました。りいこは、
おとうふみたいなこうしゃが、
なんだかさびしかったので、
その手前《てまえ》にかわいいうさぎを
つけ足《た》しました。そしたら、
友《とも》だちが、くすくす
わらったのです。

（令和二年度版　光村図書　国語三上　わかば　斉藤《さいとう》　倫《りん》）

1

(1) りいこは、どこから帰《かえ》ってきているところですか。

学校

(2) りいこがしょんぼりと歩《ある》きながらつぶやいたのは、どんな言葉《ことば》でしたか。文章《ぶんしょう》の中《なか》から書《か》き出《だ》しましょう。

またよけいなことをしちゃったな。

2

(1) 図工《ずこう》の時間《じかん》に、みんなでかいたのは、何《なん》の絵《え》でしたか。

学校のまわり（の絵）

(2) りいこがかいたのは、どんな絵《え》でしたか。一《ひと》つに○をつけましょう。

（　）おとうふの絵《え》。
（○）こうしゃの手前《てまえ》に、かわいいうさぎをつけ足《た》した絵《え》。
（　）くすくすわらった友《とも》だちの絵《え》。

40

41頁

まいごのかぎ　(2)

名前

● 次《つぎ》の文章《ぶんしょう》を二回読《にかいよ》んで、答《こた》えましょう。

1

〔図工《ずこう》の時間《じかん》に絵《え》をかいたとき、りいこがこうしゃの手前《てまえ》にかわいいうさぎをつけ足《た》すと、友《とも》だちが、くすくすわらいました。〕

りいこは、はずかしくなって、
あわてて白《しろ》い絵《え》の具《ぐ》をぬって、
㋐うさぎをけしました。
㋑そのとき、りいこの頭《あたま》の中《なか》に
たしかにいたはずの
うさぎまで、どこにもいなく
なった気《き》がしたのです。

2

うさぎに悪《わる》いことをしたなあ。
思《おも》い出《だ》しているうちに、
りいこは、㋒どんどんうつむいて
いって、さいごは赤《あか》い
ランドセルだけが、
歩《ある》いているように見《み》えました。

（令和二年度版　光村図書　国語三上　わかば　斉藤《さいとう》　倫《りん》）

1

(1) りいこが㋐うさぎをけしたのは、なぜですか。○をつけましょう。

（　）うさぎをかわいくかけなかったから。
（○）友《とも》だちにわらわれて、はずかしくなったから。

(2) ㋑そのときとは、どんなときですか。

りいこが　うさぎをけした　とき。

2

(1) りいこは、けしてしまったうさぎにたいして、どのように思《おも》いましたか。文章《ぶんしょう》の中《なか》から書《か》き出《だ》しましょう。

うさぎに悪いことをしたなあ。

(2) ㋒どんどんうつむいていったりいこは、どんな気《き》もちでしたか。○をつけましょう。

（○）自分《じぶん》のしたことを気《き》にして、元気《げんき》をなくしている。
（　）友《とも》だちがわらったことをおこっている。

41

42頁

まいごのかぎ　(3)

名前

● 次《つぎ》の文章《ぶんしょう》を二回読《にかいよ》んで、答《こた》えましょう。

ふと目《め》に入《はい》った
ガードレールの下《した》のあたりに、
かたむきかけた
光《ひかり》がさしこんでいます。
もじゃもじゃした
ヤブガラシの中《なか》で、㋐何《なに》かが、
ちらっと光《ひか》りました。
「何《なん》だろう。」
りいこが拾《ひろ》い上《あ》げると、
それは、夏《なつ》の日《ひ》ざしを
すいこんだような、
こがね色《いろ》のかぎでした。
家《いえ》のかぎよりは大《おお》きくて、
手《て》に持《も》つほうが、
しっぽみたいにくるんと
まいています。

※ヤブガラシ…つるしょくぶつの名前《なまえ》。道《みち》ばたなどでよく見《み》られるざっそう。

（令和二年度版　光村図書　国語三上　わかば　斉藤《さいとう》　倫《りん》）

(1) どこで、㋐何《なに》かが、ちらっと光《ひか》りましたか。

（もじゃもじゃした）ヤブガラシの中

(2) ちらっと光《ひか》った㋐何《なに》かとは、何《なん》でしたか。

（こがね色の）かぎ

(3) りいこが拾《ひろ》ったかぎの、色《いろ》、大《おお》きさ、形《かたち》について書《か》きましょう。

・色《いろ》
こがね　色《いろ》。

・大《おお》きさ
家《いえ》のかぎより　大きい　。

・形《かたち》
手《て》に持《も》つほうが、しっぽ　みたいに　くるん　とまいている。

42

43頁

まいごのかぎ　(4)

名前

● 次《つぎ》の文章《ぶんしょう》を二回読《にかいよ》んで、答《こた》えましょう。

1

〔りいこは、学校《がっこう》からの帰《かえ》り道《みち》、こがね色《いろ》のかぎを拾《ひろ》いました。〕

「落《お》とし物《もの》かな。」
そう、小《ちい》さく、声《こえ》に出《だ》しました。
すると、かぎは、りいこに
㋐まばたきするかのように
光《ひか》りました。

2

りいこは、元気《げんき》を出《だ》して顔《かお》を
上《あ》げました。落《お》とした人《ひと》が、
きっとこまっているにちがいない。
帰《かえ》り道《みち》の方角《ほうがく》とはべつの、
海《うみ》べにある交番《こうばん》に向《む》かって、
ゆるい坂《さか》を下《お》りはじめました。
坂道《さかみち》にならんだいくつもの
家《いえ》をながめながら、このかぎは、
どんな人《ひと》が落《お》としたのかなあと、
りいこは、
あれこれと
思《おも》いうかべました。

（令和二年度版　光村図書　国語三上　わかば　斉藤《さいとう》　倫《りん》）

1

(1) りいこは、かぎのことを何《なん》だと思《おも》いましたか。文章《ぶんしょう》の中《なか》の四文字《よんもじ》で答《こた》えましょう。

落とし物

(2) ㋐まばたきするかのように光《ひか》ったのは、何《なん》ですか。

かぎ

2

(1) かぎを拾《ひろ》ったあと、りいこは、どうしましたか。

元気　を出《だ》して顔《かお》を上《あ》げ、交番　に向《む》かって、坂《さか》を下《お》りはじめた。

(2) かぎを拾《ひろ》ったりいこは、どんなことを考《かんが》えたのですか。二《ふた》つに○をつけましょう。

（○）落《お》とした人《ひと》が、きっとこまっているにちがいない。
（　）交番《こうばん》がどこにあるかわからないから、こまったなあ。
（○）どんな人《ひと》が、このかぎを落《お》としたのかなあ。

43

44 頁

まいごのかぎ (5)

名前

● 次《つぎ》の文章《ぶんしょう》を二回《にかい》読《よ》んで、答《こた》えましょう。

1

〔学校《がっこう》の帰《かえ》り道《みち》、りいこは、拾《ひろ》ったかぎをとどけようと、交番《こうばん》へ向《む》かっています。〕

通《とお》りぞいにある、大《おお》きなさくらの木《き》は、青々《あおあお》とした葉《は》ざくらになっていました。その木《き》のねもとを見《み》て、りいこは、びっくりしました。

※葉《は》ざくら…花《はな》がちって、わかばが出《で》はじめたころのさくら。

2

「あれは、何《なん》だろう。なんだかかぎあなみたい。」

しぜんに空《あ》いたあなではなく、ドアのかぎのように四角《しかく》い金具《かなぐ》が、みきについていて、そのまん中《なか》に円《まる》いあながあるのです。

(令和二年度版　光村図書　国語三上　わかば　斉藤《さいとう》　倫《りん》)

1

(1) 大《おお》きなさくらの木《き》は、どんな様子《ようす》になっていましたか。

〔青々《あおあお》とした **葉ざくら**〕

(2) りいこは、さくらの木《き》の、どこを見《み》て、びっくりしましたか。

〔**(木の) ねもと**〕

2

(1) りいこは、木《き》のねもとにあるものを、何《なに》みたいだと言《い》いましたか。

〔**かぎあな** みたい。〕

(2) りいこが木《き》のねもとに見《み》たもの二《ふた》つに○をつけましょう。

(　) しぜんに空《あ》いたあな。

(○) ドアのかぎのような四角《しかく》い金具《かなぐ》。

(○) 四角《しかく》い金具《かなぐ》のまん中《なか》に空《あ》いた円《まる》いあな。

45 頁

まいごのかぎ (6)

名前

● 次《つぎ》の文章《ぶんしょう》を二回《にかい》読《よ》んで、答《こた》えましょう。

1

〔りいこは、拾《ひろ》ったかぎをとどけに交番《こうばん》へ向《む》かっています。そのとちゅう、さくらの木《き》のねもとにかぎあなみたいなものを見《み》つけました。〕

「もしかして、さくらの木《き》の落《お》としたかぎだったりして。」

まさか、ね、と思《おも》いながら、持《も》っていたかぎをさしこんでみます。㋐、すいこまれるように入《はい》っていき、回《まわ》すと、ガチャンと、音《おと》がしました。

2

「あっ。」

思《おも》わず、さけびました。木《き》が、ぶるっとふるえたのです。そうして、えだの先《さき》に、みるみるたくさんのつぼみがついて、ふくらんでいったかと思《おも》うと、ばらばらと㋑何《なに》かがふってきました。

「どんぐりだ。」

(令和二年度版　光村図書　国語三上　わかば　斉藤《さいとう》　倫《りん》)

1

(1) りいこは、自分《じぶん》の拾《ひろ》ったかぎは、だれが落《お》としたかぎかもしれないと思《おも》いましたか。

〔**さくらの木**〕

(2) ㋐にあてはまる言葉《ことば》を一《ひと》つえらんで○をつけましょう。

(　) しかし

(○) すると

(　) また

2

(1) りいこが、思《おも》わずさけんだのは、どうしてですか。

〔木《き》が、**ぶるっとふるえた** から。〕

(2) ばらばらとふってきた㋑何《なに》かとは、何《なん》でしたか。

〔**どんぐり**〕

46 頁

まいごのかぎ (7)

名前

● 次《つぎ》の文章《ぶんしょう》を二回《にかい》読《よ》んで、答《こた》えましょう。

1

りいこは、悲鳴《ひめい》をあげます。さくらの木《き》に、どんぐりの実《み》がつくなんて。おさげの頭《あたま》にコンコン当《あ》たるどんぐりを、ランドセルでふせぎながら、あわててかぎをぬきました。どんぐりの雨《あめ》は、ぴたりとやみ、さくらの木《き》は、はじめの葉《は》ざくらにもどっていました。

2

「びっくりした。」

りいこは、道《みち》の方《ほう》に後《あと》ずさりしながら、言《い》いました。

㋐「こんなことになるなんて。さくらの木《き》のかぎじゃなかったんだ。」

※後《あと》ずさり…前《まえ》を向《む》いたまま、後《うし》ろに下《さ》がること。

(令和二年度版　光村図書　国語三上　わかば　斉藤《さいとう》　倫《りん》)

1

(1) 悲鳴《ひめい》をあげたりいこは、どんなことを考《かんが》えていましたか。文章《ぶんしょう》の中《なか》から一文《いちぶん》を書《か》き出《だ》しましょう。

〔**さくらの木に、どんぐりの実がつくなんて。**〕

(2) どんぐりの雨《あめ》がやんだのは、りいこがどんなことをしたときですか。一《ひと》つに○をつけましょう。

(　) 悲鳴《ひめい》をあげたこと。

(　) 頭《あたま》に当《あ》たるどんぐりをランドセルでふせいだこと。

(○) さくらの木《き》からかぎをぬいたこと。

2

(1) りいこは、どんな気《き》もちでしたか。文中《ぶんちゅう》の言葉《ことば》四文字《よんもじ》で書《か》きましょう。

びっくり

(2) ㋐こんなこととは、どんなことですか。○をつけましょう。

〔さくらの木《き》に **どんぐりの実** がつくこと。〕

47 頁

俳句《はいく》を楽《たの》しもう (1)

名前

(1) 次《つぎ》の文章《ぶんしょう》は、俳句《はいく》についてせつめいしたものです。(　)にあてはまる言葉《ことば》を□からえらんで書《か》きましょう。

俳句《はいく》は、(**五・七・五**)の十七音《じゅうしちおん》で作《つく》られた短《みじか》い詩《し》です。ふつうは、「季語《きご》」という、(**きせつ**)を表《あらわ》す言葉《ことば》が入《はい》っています。

〔きせつ　五《ご》・七《しち》・五《ご》〕

(2) 次《つぎ》の俳句《はいく》を読《よ》んで答《こた》えましょう。

㋐ 古池《ふるいけ》や蛙《かわず》飛《と》びこむ水《みず》の音《おと》　松尾《まつお》　芭蕉《ばしょう》

ひっそりとしずかな古池《ふるいけ》に、かえるが飛《と》びこむ水《みず》の音《おと》が聞《き》こえた。

㋑ 閑《しず》かさや岩《いわ》にしみ入《い》る蟬《せみ》の声《こえ》　松尾《まつお》　芭蕉《ばしょう》

(令和二年度版　光村図書　国語三上　わかば　「俳句を楽しもう」による)

① ㋐、㋑の俳句《はいく》を、五《ご》・七《しち》・五《ご》の音《おと》に分《わ》けます。それぞれ二《に》か所《しょ》に／線《せん》を書《か》き入《い》れましょう。

㋐ 古池《ふるいけ》や／蛙《かわず》飛《と》びこむ／水《みず》の音《おと》

㋑ 閑《しず》かさや／岩《いわ》にしみ入《い》る／蟬《せみ》の声《こえ》

② ㋐、㋑の俳句《はいく》の季語《きご》は、何《なん》ですか。○をつけましょう。

㋐ (　) 古池《ふるいけ》　(○) 蛙《かわず》

㋑ (○) 蟬《せみ》　(　) 声《こえ》

③ ㋑の俳句《はいく》をせつめいした次《つぎ》の文《ぶん》の(　)にあてはまる言葉《ことば》を□からえらんで書《か》きましょう。

なんて(**しずか**)なんだろう。(**せみ**)の声《こえ》だけが、まるで(**岩**)の中《なか》にしみていくように聞《き》こえている。

〔せみ・岩《いわ》・しずか〕

本書の解答は，あくまでもひとつの例です。児童に取り組ませる前に，必ず指導される方が問題を解いてください。指導される方の作られた解答をもとに，児童の多様な考えに寄り添って○つけをお願いします。

48頁

俳句《はいく》を楽《たの》しもう (2)

名前

● 次《つぎ》の俳句《はいく》と文章《ぶんしょう》を二回読《にかいよ》んで、答《こた》えましょう。

Ⓐ 春《はる》の海終日《うみひねもす》のたりのたりかな　与謝《よさ》　蕪村《ぶそん》

あたたかな春《はる》の日《ひ》の海《うみ》は、一日中《いちにちじゅう》、のたりのたりとうねっているよ。

Ⓘ 菜《な》の花《はな》や月《つき》は東《ひがし》に日《ひ》は西《にし》に　与謝《よさ》　蕪村《ぶそん》

見《み》わたすかぎりの菜《な》の花《はな》ばたけ。月《つき》は東《ひがし》の空《そら》からのぼりはじめ、太陽《たいよう》は西《にし》にしずんでいく。

（令和二年度版　光村図書　国語三上　わかば　「俳句を楽しもう」による）

(1) Ⓐ、Ⓘの俳句《はいく》を、五《ご》・七《しち》・五《ご》の音《おと》に分《わ》けます。それぞれ二《に》か所《しょ》に／線《せん》を書《か》き入《い》れましょう。

Ⓐ 春《はる》の海《う》／終日《ひねもす》のたり／のたりかな

Ⓘ 菜《な》の花《はな》や／月《つき》は東《ひがし》に／日《ひ》は西《にし》に

(2) Ⓐ、Ⓘの俳句《はいく》の季語《きご》（きせつを表《あらわ》す言葉《ことば》）ときせつを表《ひょう》にまとめます。（　）にあてはまる言葉《ことば》を書《か》きましょう。（ならっていない漢字《かんじ》は、ひらがなで書《か》きましょう。）

	季語《きご》	きせつ
Ⓐ	春《はる》の海《うみ》	（春）
Ⓘ	（菜の花）	春《はる》

(3) Ⓐの俳句《はいく》について答《こた》えましょう。

① 「終日《ひねもす》」は、どんな意味《いみ》を表《あらわ》していますか。○をつけましょう。

（　）あたたかな春《はる》の日《ひ》。

（○）一日中《いちにちじゅう》。

② 「のたりのたり」は、どんな様子《ようす》を表《あらわ》していますか。○をつけましょう。

（○）なみがおだやかで、ゆったりとしている様子《ようす》。

（　）なみがはげしくあらあらしい様子《ようす》。

(4) Ⓘの俳《はい》句《く》は、どんなところにちゅうもくしていますか。○をつけましょう。

（○）目《め》の前《まえ》に見《み》える、大《おお》きなしぜんのながめ。

（　）きれいな菜《な》の花《はな》の色《いろ》。

49頁

こそあど言葉《ことば》を使《つか》いこなそう (1)

名前

(1) 次《つぎ》の文章《ぶんしょう》は「こそあど言葉《ことば》」についてせつめいしたものです。（　）にあてはまる言葉《ことば》を□からえらんで書《か》きましょう。

「この・その・あの」や、「これ・それ・あれ」などの言葉《ことば》は、何《なに》かを（指しめす）言葉《ことば》です。（たずねる）ときには、「どの」や「どれ」などの言葉《ことば》を使《つか》います。

このような言葉《ことば》は、まとめて「（こそあど言葉）」といいます。

・こそあど言葉《ことば》　・たずねる　・指《さ》ししめす

(2) 次《つぎ》の表《ひょう》は「こそあど言葉《ことば》」の使《つか》い分《わ》けをまとめたものです。（　）にあてはまる言葉《ことば》を□からえらんで書《か》きましょう。

（指《さ》ししめすものの　あるところが）

		物事《ものごと》	場所《ばしょ》	方向《ほうこう》（向《む》き）	様子《ようす》
こ	話《はな》し手《て》に近《ちか》い場合《ばあい》	これ　この	③（ここ）	⑤（こちら）　こっち	こんな　こう
そ	相手《あいて》に近《ちか》い場合《ばあい》	①（それ）　その	そこ	そちら　そっち	そんな　⑦（そう）
あ	どちらからも遠《とお》い場合《ばあい》	あれ　②（あの）	あそこ	あちら　⑥（あっち）	あんな　ああ
ど	はっきりしない場合《ばあい》	どれ　どの	④（どこ）	どちら　どっち	⑧（どんな）　どう

・それ　・あっち　・ここ　・どんな　・あの　・どこ　・そう　・こちら

50頁

こそあど言葉《ことば》を使《つか》いこなそう (2)

名前

● 絵《え》を見《み》て、（　）にあてはまる言葉《ことば》を□からえらんで書《か》きましょう。

① 

わたしが、今《いま》、使《つか》っている（この）ペンは、書《か》きやすい。

・この　・あの

② 

ペンがたくさんあって、（どの）ペンを使《つか》おうか、なやんだ。

・その　・どの

③ 

向《む》こうのつくえの上《うえ》にある（あの）ペンは、だれのかな。

・この　・あの

④ 

あなたが持《も》っている（その）ペンを、かしてください。

・その　・この

51頁

こそあど言葉《ことば》を使《つか》いこなそう (3)

名前

(1) 次《つぎ》の文《ぶん》から「こそあど言葉《ことば》」を見《み》つけて書《か》きましょう。

① この　人《ひと》は、わたしの　おばあちゃんです。（この）

② それは、何《なん》と　いう　本《ほん》ですか。（それ）

③ 夏休《なつやす》みには　どんな　ところに　行《い》きましたか。（どんな）

④ 画用紙《がようし》は、あちらの　つくえの　上《うえ》に　あります。（あちら）

(2) 次《つぎ》の文《ぶん》の（　）にあてはまる「こそあど言葉《ことば》」を、□からえらんで書《か》きましょう。

① （あれ）が、ぼくの家《いえ》です。

② （あの）店《みせ》は、先月《せんげつ》、開店《かいてん》したばかりだ。

③ （あそこ）まで、走《はし》ってきょうそうしよう。

④ （あんな）すばらしい夕日《ゆうひ》は、見《み》たことがない。

・あそこ　・あれ　・あんな　・あの

52頁

こそあど言葉《ことば》を使《つか》いこなそう (4)

名前

(1) 次《つぎ》の文《ぶん》にあてはまる「こそあど言葉《ことば》」を、□からえらんで書《か》きましょう。

① （これ）は、ぼくのかさです。

② （この）犬《いぬ》は、とてもかわいい。

③ 早《はや》く（ここ）に来《き》てください。

④ （こんな）おいしいももは、はじめて食《た》べた。

・これ　・こんな　・この　・ここ

(2) 次《つぎ》の文《ぶん》にあてはまる「こそあど言葉《ことば》」を、□からえらんで書《か》きましょう。

① （あの）たてものが、えきです。

② （これ）は、だれのノートですか。

③ （どの）ようにすれば、はやく走《はし》れるようになりますか。

④ 今《いま》すぐ（そちら）へ行《い》きます。

・そちら　・これ　・どの　・あの

53頁

こそあど言葉《ことば》を使《つか》いこなそう (5)

名前

(1) 正《ただ》しい「こそあど言葉《ことば》」の方《ほう》に、○をつけましょう。

① 肉《にく》と魚《さかな》、{（　）こちら／（○）どちら} がすきですか。

② だれか、{（　）どこ／（○）ここ} にあったボールを知《し》りませんか。

③ まさか {（○）あんな／（　）どんな} ことになるなんて、おどろきだ。

(2) 正《ただ》しい「こそあど言葉《ことば》」を一《ひと》つえらんで、○をつけましょう。

① {（　）こう／（　）ああ／（○）どう} して、こんなことになってしまったのだろう。

② 大雨《おおあめ》がふるそうです。{（○）それ／（　）どれ／（　）あれ} でも出《で》かけますか。

③ 右《みぎ》か左《ひだり》か、{（　）あちら／（○）どちら／（　）こちら} の道《みち》を行《い》けばいいですか。

54頁

こそあど言葉《ことば》を使《つか》いこなそう (6)

名前

● 次《つぎ》の会話文《かいわぶん》の（　）にあてはまる「こそあど言葉《ことば》」を□からえらんで書《か》きましょう。

①
「向《む》こうに見《み》える（あの）お店《みせ》が、今《いま》、人気《にんき》のパンやさんです。」

「（どの）パンがおいしいですか。」

「わたしのおすすめは、メロンパンです。」

・どの　・あの

②
「あなたが持《も》っている（その）本《ほん》は、何《なん》の本《ほん》ですか。」

「（これ）は、こん虫図《ちゅうず》かんです。」

・これ　・その

③
「（あそこ）に見《み》える高《たか》い山《やま》は、何《なに》かな。」
「（あの）山《やま》は、ふじ山《さん》だよ。」

・あそこ　・あの

55頁

こそあど言葉《ことば》を使《つか》いこなそう (7)

名前

(1) 次《つぎ》の——線《せん》を引《ひ》いた「こそあど言葉《ことば》」が指《さ》している言葉《ことば》の方《ほう》に、○をつけましょう。

① つくえの上《うえ》にのみ物《もの》があります。これは、りんごジュースです。

（　）つくえ。

（○）つくえの上《うえ》の、のみ物《もの》。

② 花《はな》が、川《かわ》の向《む》こうにたくさんさいています。あれは、なの花《はな》です。

（○）川《かわ》の向《む》こうにさいている、たくさんの花《はな》。

（　）川《かわ》の向《む》こう。

(2) 次《つぎ》の（　）にあてはまる言葉《ことば》を□からえらんで書《か》きましょう。

① となりの町《まち》に公園《こうえん》があります。（そこ）には、小《ちい》さな池《いけ》があります。

・どこ　・そこ

② 山《やま》の上《うえ》に、たてものが見《み》えますか。（あれ）が、今《いま》から行《い》くところです。

・あれ　・ここ

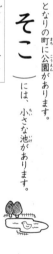

解答例

本書の解答は，あくまでもひとつの例です。児童に取り組ませる前に，必ず指導される方が問題を解いてください。指導される方の作られた解答をもとに，児童の多様な考えに寄り添って○つけをお願いします。

56頁

こそあど言葉《ことば》を使《つか》いこなそう　(8)

名前

(1)　次《つぎ》の文章《ぶんしょう》の「こそあど言葉《ことば》」に――線《せん》を引《ひ》き、それが指《さ》している言葉《ことば》の方《ほう》に、○をつけましょう。

①　ぼくは、母《はは》から青《あお》いかさをもらった。次《つぎ》の日《ひ》、ぼくはそれをもって出《で》かけた。

(　)母《はは》。

(○)母《はは》からもらった青《あお》いかさ。

②　「本《ほん》をたくさん読《よ》むとよい。」これが、おじいちゃんからの助言《じょげん》です。

(　)たくさんの本《ほん》。

(○)「本《ほん》をたくさん読《よ》むとよい。」という言葉《ことば》。

(2)　次《つぎ》の文章《ぶんしょう》の「こそあど言葉《ことば》」に――線《せん》を引《ひ》き、それが何《なに》を指《さ》しているかを考《かんが》え、(　)に書《か》きましょう。

①　近所《きんじょ》に新《あたら》しいレストランができました。次《つぎ》の土曜日《どようび》には、家族《かぞく》でそこに食《た》べに行《い》く予定《よてい》です。

(れい)（近所にできた新しいレストラン）

②　きょう、ぼくは、図書室《としょしつ》で本《ほん》をかりました。食後《しょくご》に、それを読《よ》もうと思《おも》います。

(れい)（きょう、ぼくが図書室でかりた本）

57頁

引用《いんよう》するとき

名前

教科書《きょうかしょ》の「引用《いんよう》するとき」を読《よ》んで、答《こた》えましょう。

(1)　次《つぎ》の文《ぶん》は、引用《いんよう》についてせつめいしたものです。あてはまる方《ほう》に○をつけましょう。

引用《いんよう》とは、{(○)自分《じぶん》 / (　)ほかの人《ひと》}の文章《ぶんしょう》や話《はなし》の中《なか》で使《つか》うことをいいます。
{(　)自分《じぶん》 / (○)ほかの人《ひと》}の言葉《ことば》を、

(2)　ある本《ほん》を引用《いんよう》して書《か》いた、次《つぎ》の文章《ぶんしょう》を読《よ》んで、問題《もんだい》に答《こた》えましょう。

言葉遊《ことばあそ》びには、いろいろなしゅるいがあります。

「言葉《ことば》で遊《あそ》ぼう」によると、しゃれは、「にた音《おと》や同《おな》じ音《おと》の言葉《ことば》を使《つか》って文《ぶん》を作《つく》る」言葉遊《ことばあそ》びです。

〈使《つか》った本《ほん》〉
小野恭靖《おのみつやす》「言葉《ことば》で遊《あそ》ぼう」
○○図書《としょ》、二〇二〇年《にせんにじゅうねん》

（令和二年度版　光村図書　国語三上　わかば　「引用するとき」による）

①　上《うえ》の文章《ぶんしょう》は、何《なん》という本《ほん》から引用《いんよう》して書《か》いた文章《ぶんしょう》ですか。

（言葉で遊ぼう）

②　上《うえ》の文章《ぶんしょう》で、本《ほん》から引用《いんよう》して書《か》いている部分《ぶぶん》を書《か》き出《だ》しましょう。

（にた音や同じ音の言葉を使って文を作る）

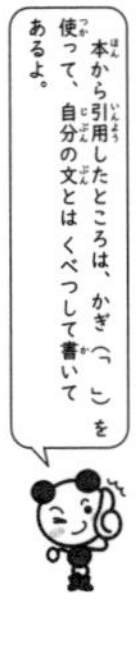

58頁

仕事《しごと》のくふう、見《み》つけたよ　(1)

名前

教科書《きょうかしょ》の「仕事《しごと》のくふう、見《み》つけたよ」を読《よ》んで、答《こた》えましょう。

●　次《つぎ》の文章《ぶんしょう》は、谷口《たにぐち》さんが書《か》いた、ほうこくする文章《ぶんしょう》の一部《いちぶ》です。この文章《ぶんしょう》を読《よ》んで答《こた》えましょう。

> スーパーマーケットの商品《しょうひん》のならべ方《かた》のくふう
> 谷口《たにぐち》　あかり
>
> 1. 調《しら》べた理由《りゆう》
> わたしは，買《か》い物《もの》をたのまれて，よくスーパーマーケットに行《い》きます。いつも，どのように商品《しょうひん》をならべるのかが気《き》になっていました。そこで，商品《しょうひん》のならべ方《かた》のくふうについて，調《しら》べることにしました。
>
> 2. 調《しら》べ方《かた》
> ひかりスーパーに行《い》き，見学《けんがく》をしました。また，店長《てんちょう》の木村《きむら》さんに話《はなし》をうかがいました。本《ほん》もあわせて読《よ》みました。

（令和二年度版　光村図書　国語三上　わかば　「仕事のくふう、見つけたよ」による）

(1)　谷口《たにぐち》さんは、スーパーマーケットのどんなことを調《しら》べたと書《か》いていますか。

（商品のならべ方のくふう）

(2)　谷口《たにぐち》さんが、(1)について調《しら》べることにしたのは、なぜですか。

（スーパーマーケットに買《か》い物《もの》に行《い》くと、いつも、［どのように商品をならべるのか］が、気《き》になっていたから。）

(3)　谷口《たにぐち》さんは、どのようにして調《しら》べましたか。三《みっ》つに○をつけましょう。

(○)見学《けんがく》する。

(○)店長《てんちょう》に話《はなし》を聞《き》く。

(　)お客《きゃく》さんに話《はなし》を聞《き》く。

(○)本《ほん》を読《よ》む。

59頁

仕事《しごと》のくふう、見《み》つけたよ　(2)

名前

教科書《きょうかしょ》の「仕事《しごと》のくふう、見《み》つけたよ」を読《よ》んで答《こた》えましょう。

●　次《つぎ》の文章《ぶんしょう》は、谷口《たにぐち》さんが書《か》いた、ほうこくする文章《ぶんしょう》の「調《しら》べて分《わ》かったこと」の一部《いちぶ》です。この文章《ぶんしょう》を読《よ》んで答《こた》えましょう。

> (1) おすすめ品《ひん》のおき方《かた》
>
> ①　ひかりスーパーでは，ちらしでせんでんした商品《しょうひん》を，「おすすめ品《ひん》」として売《う》っています。おすすめ品《ひん》には，そのきせつがいちばんおいしいやさいや，行事《ぎょうじ》に合《あ》った食《た》べ物《もの》などがあります。
>
> ②　おすすめ品《ひん》は，お店《みせ》のもっとも売《う》りたい商品《しょうひん》なので，くふうしておくそうです。木村《きむら》さんは，「お客様《きゃくさま》がよく通《とお》る場所《ばしょ》に，できるだけ広《ひろ》くおくようにして目立《めだ》たせます。」とおっしゃっていました。
>
> ③　たしかに，お店《みせ》を歩《ある》いているときに，きせつや行事《ぎょうじ》に合《あ》った商品《しょうひん》が目《め》に入《はい》ると，わたしもつい手《て》にとりたくなります。

（令和二年度版　光村図書　国語三上　わかば　「仕事のくふう、見つけたよ」による）

(1)　谷口《たにぐち》さん（書《か》いた人《ひと》）は、ひかりスーパーの「おすすめ品《ひん》」のれいを二《ふた》つあげています。二《ふた》つ書《か》きましょう。

（その［きせつ］がいちばんおいしいやさい。）

（［行事］に合《あ》った食《た》べ物《もの》。）

(2)　文章《ぶんしょう》の中《なか》で、人《ひと》から聞《き》いたことを引用《いんよう》しているところに――線《せん》を引《ひ》きましょう。

(3)　文章《ぶんしょう》の中《なか》で、谷口《たにぐち》さんが「考《かんが》えたこと」は、どこに書《か》かれていますか。①〜③の番号《ばんごう》で答《こた》えましょう。

③

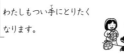

解答例

60頁

符号《ふごう》など
いろいろな符号《ふごう》 (1)
名前

● 次《つぎ》の符号《ふごう》をせつめいする文章《ぶんしょう》を□からえらんで、㋐～㋔の記号《きごう》で答《こた》えましょう。

① 句点《くてん》（。） ㋒
② 読点《とうてん》（、） ㋓
③ 中点《なかてん》（・） ㋐
④ ダッシュ（—） ㋔
⑤ かぎ（「」） ㋑

㋐ 言葉《ことば》をならべる場合《ばあい》に使《つか》う。
（れい） ばった・あり・ちょうなど。

㋑ ①会話《かいわ》、②書名《しょめい》・題名《だいめい》、③思《おも》ったこと、④とくにほかの文《ぶん》と分《わ》けたい言葉《ことば》や文《ぶん》をしめす場合《ばあい》に使《つか》う。
（れい） ぼくは、「ともだち」という本《ほん》を読《よ》んだ。（②のれい）

㋒ 文《ぶん》の終《お》わりにうつ。
（れい） 朝顔《あさがお》の花《はな》がさいた。

㋓ 文《ぶん》の中《なか》の意味《いみ》の切《き》れ目《め》にうつ。
（れい） 雨《あめ》がやんだので、わたしはかさをとじた。

㋔ ①せつめいをおぎなう場合《ばあい》、②言《い》い切《き》りにせず、とちゅうで止《と》める場合《ばあい》に使《つか》う。
（れい） 題名《だいめい》—— 本《ほん》や文章《ぶんしょう》につけられた名前《なまえ》。（①のれい）

61頁

符号《ふごう》など
いろいろな符号《ふごう》 (2)
名前

(1) 次《つぎ》の文《ぶん》の□に、読点《とうてん》（、）か、句点《くてん》（。）を書《か》きましょう。

① 姉《あね》は［、］プールに行《い》きました［。］
② ひこうきがとぶ［。］白《しろ》くて大《おお》きなひこうきだ［。］
③ きょうは［、］おじいちゃんの六十才《ろくじゅっさい》のたん生日《じょうび》です［。］
④ わたしのクラスの先生《せんせい》は［、］ギターがとくいです［。］

(2) 次《つぎ》の文《ぶん》の□に、読点《とうてん》（、）か、句点《くてん》（。）を書《か》きましょう。

① さて［、］あしたは遠足《えんそく》です［。］
② 遊園地《ゆうえんち》に来《く》ると［、］いつもわくわくします［。］
③ 手紙《てがみ》を読《よ》んで［、］うれしくなりました［。］
④ 学校《がっこう》がある日《ひ》も［、］休《やす》みの日《ひ》も［、］本《ほん》を読《よ》みます［。］

62頁

符号《ふごう》など
いろいろな符号《ふごう》 (3)
名前

(1) 次《つぎ》の文《ぶん》のかぎ（「」）は、何《なに》を表《あらわ》していますか。□からえらんで㋐～㋒の記号《きごう》で答《こた》えましょう。

① おかあさんが、「おかえり。」と言《い》った。 ㋐
② 「はじめてのキャンプ」という本《ほん》を読《よ》んだ。 ㋑
③ わたしは、友《とも》だちに「どこへ行《い》くの。」とたずねた。 ㋐
④ 知《し》らせを聞《き》いて、「たいへんだ。」と思《おも》った。 ㋒

㋐ 会話《かいわ》　㋑ 書名《しょめい》・題名《だいめい》　㋒ 思《おも》ったこと

(2) 次《つぎ》の文《ぶん》に、かぎ（「」）をつけましょう。

① 先生《せんせい》に、「さようなら。」と、あいさつを　しました。
② ぼくの　すきな　本《ほん》は、「ふたりはともだち」と　いう　本《ほん》です。
③ 休《やす》み時間《じかん》に　もえさんが「なわとびを　しよう。」と　さそってくれました。
④ キャンプに　行《い》った　友《とも》だちの　話《はなし》を　聞《き》いて、　わたしは、「楽《たの》しそう。」と　思《おも》いました。

63頁

符号《ふごう》など
いろいろな符号《ふごう》 (4)
名前

● 次《つぎ》の文章《ぶんしょう》を二回《にかい》読《よ》んで、答《こた》えましょう。

土曜日《どようび》に、姉《あね》が、
「この　本《ほん》を　読《よ》むと　いいよ。」
と　言《い》って、㋐三《さん》さつの　本《ほん》を　かしてくれました。
ぼくは、そのうちの「としょかんライオン」と、いう　本《ほん》を読《よ》みました。㋑話《はなし》が　おもしろくて、すぐ　読《よ》めました。
さいしょに　ぼくが　思《おも》った　ことは、「もし　ほんとうにライオンが　図書館《としょかん》に　いたら　どうなるのだろう。」という　ことでした。

(1) 文章《ぶんしょう》の中《なか》で、かぎ（「」）をつけることのできるところが三《さん》か所《しょ》あります。右《みぎ》の文章《ぶんしょう》に、かぎ（「」）をつけましょう。

(2) 右《みぎ》の文章《ぶんしょう》を横書《よこが》きにするとき、㋐三《さん》さつという言葉《ことば》は、どのように書《か》きますか。横書《よこが》きで書《か》きましょう。

［ 3 さつ ］

(3) ㋑話《はなし》が…読《よ》めました。の文《ぶん》を横書《よこが》きにするとき、読点《とうてん》（、）を、べつの符号《ふごう》を使《つか》って□に書《か》きましょう。

［ 話《はなし》がおもしろくて［，］すぐ読《よ》めました。 ］

本書の解答は，あくまでもひとつの例です。児童に取り組ませる前に，必ず指導される方が問題を解いてください。指導される方の作られた解答をもとに，児童の多様な考えに寄り添って○つけをお願いします。

64頁

きせつの言葉《ことば》2
夏《なつ》のくらし　(1)

名前

● 次《つぎ》の詩《し》を二回《にかい》読《よ》んで、答《こた》えましょう。

はなび
鶴見《つるみ》　正夫《まさお》

さけ　さけ
㋐ひの　はな
なつの　よるの　にわに
さいて　ちって
ちって　きえて
㋑きえても　まだ　のこる
とじた　めの　なかに
ふしぎな　ひの　はな
いま　さいた　はなび

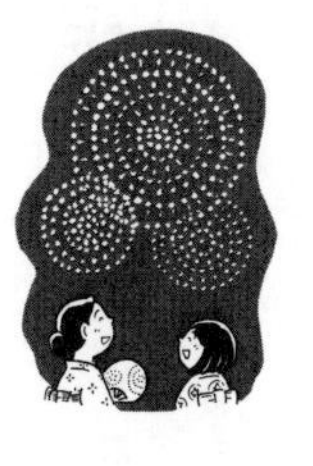

（令和二年度版　光村図書　国語三上　わかば　鶴見　正夫）

(1) ㋐ひの　はなについて答《こた》えましょう。

① 漢字《かんじ》とひらがなを使《つか》った三文字《さんもじ》で書《か》きましょう。

火の花

② 詩《し》の中《なか》で同《おな》じ意味《いみ》を表《あらわ》している三文字《さんもじ》を書《か》きましょう。

はなび

(2) 「さいて　ちって」「ちって　きえて」から、「ひの　はな」のどんなとくちょうが分《わ》かりますか。○をつけましょう。

（　）きれいな色《いろ》が、あざやかにずっと見《み》えつづけるところ。
（○）はなやかに広《ひろ》がって、すぐにきえてしまうところ。

(3) ㋑きえても　まだ　のこるとは、どこに、何《なに》が、のこるのですか。詩《し》の中《なか》の三行《さんぎょう》を書《か》き出《だ》しましょう。

とじた　めの　なかに
ふしぎな　ひの　はな
いま　さいた　はなび

65頁

きせつの言葉《ことば》2
夏《なつ》のくらし　(2)

名前

夏《なつ》とは、六月《ろくがつ》、七月《しちがつ》、八月《はちがつ》ごろのきせつです。

(1) あつい夏《なつ》をのりきるためのくふうを四《よっ》つえらんで、○をつけましょう。

（○）うち水《みず》
（　）花見《はなみ》
（○）あみ戸《ど》
（　）たき火《び》
（　）日《ひ》なたぼっこ
（　）マフラー
（○）せんぷうき
（○）うちわ

(2) 夏《なつ》に食《た》べるとうれしい、つめたくてのどごしのよい夏《なつ》の食《た》べ物《もの》を三《みっ》つえらんで、○をつけましょう。

（　）やきいも
（○）そうめん
（○）すいか
（○）かき氷《ごおり》
（　）かがみもち
（　）月見《つきみ》だんご

(3) 夏《なつ》にかんけいのある、次《つぎ》の言葉《ことば》にあてはまるせつめいを──線《せん》でむすびましょう。

① 夕立《ゆうだち》
② 夕《ゆう》すずみ
③ ふうりん

・夏《なつ》の夕方《ゆうがた》、えんがわや外《そと》などに出《で》て、すずしい風《かぜ》に当《あ》たること。
・まどの近《ちか》くなどにつるして、風《かぜ》で鳴《な》る、すずしげな音色《ねいろ》を楽《たの》しむ、すずのこと。
・夏《なつ》の夕方《ゆうがた》のどしゃぶりの雨《あめ》のこと。

（解答：①夕立―夏の夕方のどしゃぶりの雨のこと。②夕すずみ―夏の夕方、えんがわや外などに出て、すずしい風に当たること。③ふうりん―まどの近くなどにつるして、風で鳴る、すずしげな音色を楽しむ、すずのこと。）

66頁

本《ほん》は友《とも》だち
はじめて知《し》ったことを知《し》らせよう

名前

● 友《とも》だちが、本《ほん》を読《よ》んで、はじめて知《し》ったことを発表《はっぴょう》しています。次《つぎ》の発表《はっぴょう》の文章《ぶんしょう》を二回《にかい》読《よ》んで、答《こた》えましょう。

㋐
　ぼくはきょうりゅうがすきなので、「とりになったきょうりゅうのはなし」という本《ほん》を読《よ》みました。

㋑
　この本《ほん》には、鳥《とり》はきょうりゅうの生《い》きのこりだと書《か》いてありました。きょうりゅうの化石《かせき》を調《しら》べてみると、鳥《とり》の体《からだ》のつくりとよくにているのだそうです。ふだん何気《なにげ》なく見《み》ている鳥《とり》ですが、きょうりゅうのなかまだと知《し》って、とてもおどろきました。

㋒
　どうしてきょうりゅうが鳥《とり》になったのか知《し》りたい人《ひと》は、ぜひこの本《ほん》を読《よ》んでみてください。

（令和二年度版　光村図書　国語三上　わかば「はじめて知ったことを知らせよう」による）

(1) 「ぼく」は、何《なん》という本《ほん》をしょうかいしていますか。

とりになったきょうりゅうのはなし

(2) 「ぼく」が、この本《ほん》を読《よ》んだのは、なぜですか。わけを書《か》きましょう。

きょうりゅうがすきだから。

(3) 次《つぎ》の文《ぶん》は、上《うえ》の㋐～㋒のところで、どんなことが書《か》いてあるかをせつめいしたものです。（　）にあてはまる言葉《ことば》を□からえらんで書《か》きましょう。

㋐ えらんだ本《ほん》の名前《なまえ》と、その本《ほん》を読《よ》んだ（**理由**）。
㋑ 本《ほん》に書《か》いてあったことで、分《わ》かったことや（**おどろいた**）ことのしょうかい。
㋒ 本《ほん》を読《よ》んでみてほしいという（**よびかけ**）。

・おどろいた　・よびかけ　・理由《りゆう》

67頁

鳥《とり》になったきょうりゅうの話《はなし》　(1)

名前

● 次《つぎ》の文章《ぶんしょう》を二回《にかい》読《よ》んで、答《こた》えましょう。

〔きょうりゅうがすんでいたのは、大昔《おおむかし》のことです。きょうりゅうには、いろいろなしゅるいがあり、見《み》た目《め》もさまざまでした。〕

　ところで、きょうりゅうは、みな大《おお》きかったわけではありません。なかには、ねこや犬《いぬ》ぐらいの大《おお》きさのきょうりゅうもいて、すばやく走《はし》り回《まわ》りながら、とかげやねずみににた動物《どうぶつ》などをつかまえて食《た》べていました。これらの㋐小《ちい》さなきょうりゅうたちにも、羽毛《うもう》が生《は》えているものがいました。

※羽毛《うもう》…鳥《とり》の体《からだ》に生《は》えている、やわらかくてかるい羽《はね》。

（令和二年度版　光村図書　国語三上　わかば　大島《おおしま》　英太郎《えいたろう》）

(1) きょうりゅうの大《おお》きさについてあてはまる方《ほう》に○をつけましょう。

（　）みんな大《おお》きかった。
（○）ねこや犬《いぬ》ぐらいの大《おお》きさのものもいた。

(2) ㋐小《ちい》さなきょうりゅうたちは、何《なに》をつかまえて食《た》べていましたか。文章《ぶんしょう》の中《なか》の言葉《ことば》を書《か》き出《だ》しましょう。

とかげやねずみににた動物（など）

(3) ㋐小《ちい》さなきょうりゅうたちは、どんなふうに動《うご》いて、動物《どうぶつ》などをつかまえましたか。

すばやく走《はし》り回《まわ》りながら、つかまえた。

(4) ㋐小《ちい》さなきょうりゅうたちには、何《なに》が生《は》えているものがいましたか。

羽毛

68頁

鳥《とり》になった きょうりゅうの話《はなし》 (2)

名前

● 次《つぎ》の文章《ぶんしょう》を二回《にかい》読《よ》んで、答《こた》えましょう。

1

〔小《ち》さなきょうりゅうたちにも、羽毛《うもう》が生《は》えているものがいました。〕

やがてそれらの中《なか》に、
木《き》の上《うえ》でくらすものが
あらわれました。木《き》の上《うえ》なら、
地面《じめん》の上《うえ》とちがって てきに
おそわれることも少《すく》ないし、
えさとなる虫《むし》などもたくさん
いたからです。

2

㋐これらのきょうりゅうは、
体《からだ》がかるかったので、
手《て》あしをバタバタと動《うご》かして
木《き》に登《のぼ》ることができました。

（令和二年度版 光村図書 国語三上 わかば 大島《おおしま》 英太郎《えいたろう》）

1

(1) 羽毛《うもう》が生《は》えた、小《ち》さなきょうりゅうたちの中《なか》に、どこでくらすものがあらわれましたか。

〔 木の上 〕

(2) 木《き》の上《うえ》でくらすようになったのは、なぜですか。理由《りゆう》を二《ふた》つ書《か》きましょう。

木《き》の上《うえ》は、

〔 てきにおそわれる ことが少《すく》ないから。〕

〔 えさとなる虫 などがたくさんいたから。〕

2

(1) ㋐これらのきょうりゅうにあてはまる方《ほう》に、○をつけましょう。

（ ）小《ち》さなきょうりゅう みんな。

（○）羽毛《うもう》の生《は》えた、小《ち》さなきょうりゅうたちの中《なか》で、木《き》の上《うえ》でくらすもの。

(2) ㋐これらのきょうりゅうが、木《き》に登《のぼ》ることができたのは、なぜですか。

〔 体がかるかった から。〕

69頁

鳥《とり》になった きょうりゅうの話《はなし》 (3)

名前

● 次《つぎ》の文章《ぶんしょう》を二回《にかい》読《よ》んで、答《こた》えましょう。

1

木《き》の上《うえ》で生活《せいかつ》をはじめた
きょうりゅうたちの
㋐しそんは、とても長《なが》い年月《としつき》が
たつうちに、木《き》から木《き》へと
とびうつってくらすように
なりました。

2

そして、それらの
しそんの中《なか》には、手《て》あしに
生《は》えている羽毛《うもう》が長《なが》くのびて、
つばさの形《かたち》になったものが
あらわれたのです。
やがて、㋑空《そら》をとべるように
なったきょうりゅうたちは、
食《た》べ物《もの》をもとめて
遠《とお》くまでとんで
いくように
なりました。

（令和二年度版 光村図書 国語三上 わかば 大島《おおしま》 英太郎《えいたろう》）

1

(1) ㋐しそんの意味《いみ》にあてはまる方《ほう》に、○をつけましょう。

（ ）親《おや》のこと。

（○）子《こ》やまごなど、後《あと》に生《う》まれたものたちのこと。

(2) 木《き》の上《うえ》で生活《せいかつ》をはじめたきょうりゅうたちのしそんは、その後《ご》、どのようにくらすようになりましたか。

〔 木から木へと とびうつって くらすようになった。〕

2

(1) ㋑空《そら》をとべるようになったきょうりゅうたちは、どうして、空《そら》をとべるようになったのですか。

〔 手《て》あしに生《は》えている 羽毛 が長《なが》くのびて、つばさ の形《かたち》になったから。〕

(2) ㋑空《そら》をとべるようになったきょうりゅうたちは、何《なに》をもとめて遠《とお》くまでとんでいくようになりましたか。

〔 食べ物 〕

70頁

鳥《とり》になった きょうりゅうの話《はなし》 (4)

名前

● 次《つぎ》の文章《ぶんしょう》を二回《にかい》読《よ》んで、答《こた》えましょう。

1

ところが、今《いま》から六千六百万年《ろくせんろっぴゃくまんねん》
ほど前《まえ》のこと、地球《ちきゅう》の様子《ようす》が大《おお》きく
かわり、㋐大《おお》きなきょうりゅうの
なかまはほとんど死《し》にたえて
しまいます。 ㋑ 、つばさを
もち、とぶことのできる
小《ち》さなきょうりゅうのしそん
だけは、生《い》きのこりました。
そして、㋒これらのきょうりゅうは、
今《いま》でもすがたをかえて生《い》きて
いるのです。

2

それが鳥《とり》なのです。
鳥《とり》は、生《い》きのこった
きょうりゅう
だったのです。
鳥《とり》と
きょうりゅうとでは、ずいぶん
ちがっているように見《み》えますね。
でも、ほねやあしのつき方《かた》など
体《からだ》のつくりをよく調《しら》べてみると、
とてもにているのです。

（令和二年度版 光村図書 国語三上 わかば 大島《おおしま》 英太郎《えいたろう》）

1

(1) ㋐大《おお》きなきょうりゅうのなかまがほとんど死《し》にたえてしまったのは、いつのことですか。

〔 (今から) 六千六百万年ほど前 〕

(2) ㋑にあてはまる言葉《ことば》に、○をつけましょう。

（ ）だから　（○）けれども

(3) ㋒これらのきょうりゅうにあてはまる方《ほう》に、○をつけましょう。

（ ）大《おお》きなきょうりゅうのなかま。

（○）つばさをもって、とぶことのできる小《ち》さなきょうりゅう。

2

(1) ㋒これらのきょうりゅうは、今《いま》は、何《なに》にすがたをかえて、生《い》きていますか。

〔 鳥 〕

(2) 鳥《とり》ときょうりゅうとでは、どんなところが、とてもにていますか。文章《ぶんしょう》の中《なか》から五文字《ごもじ》で書《か》き出《だ》しましょう。

体のつくり

71頁

わたしと小鳥《ことり》とすずと

名前

● 次《つぎ》の詩《し》を二回《にかい》読《よ》んで、答《こた》えましょう。

わたしと小鳥《ことり》とすずと

金子《かねこ》 みすゞ《ず》

1

わたしが両手《りょうて》をひろげても、
お空《そら》はちっともとべないが、
とべる小鳥《ことり》はわたしのように、
地面《じべた》をはやくは走《はし》れない。

2

わたしがからだをゆすっても、
きれいな音《おと》はでないけど、
あの鳴《な》るすずはわたしのように
たくさんなうたは知《し》らないよ。

㋐すずと、小鳥《ことり》と、それからわたし、
みんなちがって、みんないい。

（令和二年度版 光村図書 国語三上 わかば 金子 みすゞ）

(1) 1(一連目《いちれんめ》)について答《こた》えましょう。

① 「わたし」と何《なに》をくらべていますか。

〔 小鳥 〕

② 「わたし」と「小鳥《ことり》」ができることは、どんなことですか。——線《せん》でむすびましょう。

わたし ＼／ 空《そら》をとぶこと。

小鳥《ことり》 ／＼ 地面《じべた》をはやく走《はし》ること。

(2) 2(二連目《にれんめ》)について答《こた》えましょう。

① 「わたし」と何《なに》をくらべていますか。

〔 すず 〕

② 「わたし」と「すず」ができることは、どんなことですか。——線《せん》でむすびましょう。

わたし —— たくさんうたを知《し》っていること。

すず —— きれいな音《おと》をだすこと。

(3) ㋐みんなちがって、みんないい。の、みんなとは、だれのことですか。三《みっ》つ書《か》きましょう。

〔 わたし 〕〔 すず 〕〔 小鳥 〕(順不同)

本書の解答は，あくまでもひとつの例です。児童に取り組ませる前に，必ず指導される方が問題を解いてください。指導される方の作られた解答をもとに，児童の多様な考えに寄り添って○つけをお願いします。

72頁

夕日《ゆうひ》がせなかをおしてくる

名前

● 次《つぎ》の詩《し》を二回《にかい》読《よ》んで、答《こた》えましょう。

夕日《ゆうひ》がせなかをおしてくる
阪田《さかた》 寛夫《ひろお》

夕日《ゆうひ》がせなかをおしてくる
㋐まっかなうででおしてくる
歩《ある》くぼくらのうしろから
でっかい声《こえ》でよびかける
㋑さよなら　さよなら
さよなら　きみたち
ばんごはんがまってるぞ
あしたの朝《あさ》ねすごすな

夕日《ゆうひ》がせなかをおしてくる
そんなにおすなあわてるな
ぐるりふりむき太陽《たいよう》に
ぼくらも負《ま》けずどなるんだ
㋒さよなら　さよなら
さよなら　太陽《たいよう》
ばんごはんがまってるぞ
あしたの朝《あさ》ねすごすな

（令和二年度版　光村図書　国語三上　わかば　阪田　寛夫）

(1) いつのことを書《か》いた詩《し》ですか。一《ひと》つに○をつけましょう。

（　）夜明《よあ》け
（　）昼《ひる》
（○）夕方《ゆうがた》

(2) ㋐まっかなうでで、だれが、何《なに》をおしてくるのですか。

・だれ（が）　夕日（が）
・何《なに》（を）　せなか（を）

(3) 一連目《いちれんめ》の、㋑さよなら　さよなら…ねすごすなの言葉《ことば》は、だれが、だれによびかけた言葉《ことば》ですか。

・だれ（が）　夕日（が）
・だれ（に）　ぼくら（に）

(4) 二連目《にれんめ》の、㋒さよなら　さよなら…ねすごすなの言葉《ことば》は、だれが、だれにどなった言葉《ことば》ですか。

・だれ（が）　ぼくら（が）
・だれ（に）　太陽（に）または、夕日（に）

73頁

山小屋《やまごや》で三日間《みっかかん》すごすなら

名前

教科書《きょうかしょ》の「山小屋《やまごや》で三日間《みっかかん》すごすなら」を読《よ》んで、答《こた》えましょう。

(1) 子《こ》どもたんけんたいとして、山小屋《やまごや》で三日間《みっかかん》すごすことになりました。次《つぎ》の文《ぶん》は、グループで持《も》っていく物《もの》を話《はな》し合《あ》うときに、気《き》をつけることです。（　）にあてはまる言葉《ことば》を□からえらんで書《か》きましょう。

① 「食料《しょくりょう》、水《みず》、着《き》がえのほかに、五《いつ》つまで持《も》っていける」という、持《も》ち物《もの》の（決まり）をたしかめる。

② 「ふだん子《こ》どもだけではできないことをして、しぜんとふれ合《あ》う」という（目的）にそって考《かんが》える。

・目的《もくてき》　・決《き》まり

(2) グループでしたいことと、持《も》っていきたい物《もの》を話《はな》し合《あ》うのに、たくさん出《だ》し合《あ》って整理《せいり》する話《はな》し合《あ》いを目《め》ざします。このとき、大切《たいせつ》なことを二《ふた》つえらんで、○をつけましょう。

（○）たがいの考《かんが》えをみとめ合《あ》い、全員《ぜんいん》で出《だ》し合《あ》う。
（　）意見《いけん》がたくさんある人《ひと》の考《かんが》えだけをとり上《あ》げる。
（○）出《だ》された考《かんが》えを、なかま分《わ》けして整理《せいり》する。

(3) グループでしたいことを決《き》めて、持《も》っていく物《もの》をえらぶ話《はな》し合《あ》いをします。このときに大切《たいせつ》なことを二《ふた》つえらんで、○をつけましょう。

（○）目的《もくてき》にそって、大事《だいじ》なことの順番《じゅんばん》を考《かんが》える。
（○）より多《おお》くの人《ひと》が大事《だいじ》だと考《かんが》えたものをえらぶ。
（　）自分《じぶん》の考《かんが》えが通《とお》るまで、くりかえし大声《おおごえ》で言《い》う。

74頁

ポスターを読《よ》もう

名前

教科書《きょうかしょ》の「ポスターを読《よ》もう」を読《よ》んで、答《こた》えましょう。

(1) 次《つぎ》の文章《ぶんしょう》は、ポスターについてせつめいしているものです。（　）にあてはまる言葉《ことば》を□からえらんで書《か》きましょう。

ポスターは、行事《ぎょうじ》のあんない、マナーの（よびかけ）、商品《しょうひん》の（せんでん）など、知《し》らせたいことを（一まい）の紙《かみ》にまとめたものです。言葉《ことば》と写真《しゃしん》、絵《え》などを組《く》み合《あ》わせて、人《ひと》を引《ひ》きつけるくふうがされています。相手《あいて》を引《ひ》きつけるようにくふうされた短《みじか》い言葉《ことば》のことを、とくに、（キャッチコピー）と言《い》います。

・せんでん　・一《いち》まい
・よびかけ　・キャッチコピー

(2) 次《つぎ》の中《なか》で、行事《ぎょうじ》を知《し》らせるポスターに、かならず書《か》いてあるものは何《なん》ですか。三《みっ》つに○をつけましょう。

（○）行事《ぎょうじ》の名前《なまえ》。
（　）行事《ぎょうじ》のマスコットキャラクターのイラスト。
（○）行事《ぎょうじ》の日《ひ》づけ。
（○）行事《ぎょうじ》の会場《かいじょう》の場所《ばしょ》。

75頁

へんとつくり（1）

名前

(1) 次《つぎ》の文《ぶん》が、漢字《かんじ》の「へん」と「つくり」のせつめいになるように、（　）にあてはまる言葉《ことば》を□からえらんで書《か》きましょう。

① へん
右《みぎ》と左《ひだり》の二《ふた》つに分《わ》けられる漢字《かんじ》の（左がわ）にあり、おおまかな意味《いみ》を表《あらわ》す部分《ぶぶん》のこと。たとえば、「語《ご》」「記《き》」「読《どく》」の「言」は、「（ごんべん）」といい、言葉《ことば》に関係《かんけい》のある漢字《かんじ》が多《おお》い。

② つくり
漢字《かんじ》の（右がわ）におかれ、おおまかな意味《いみ》を表《あらわ》すこともある。たとえば、「顔《かお》」「頭《あたま》」の「頁」は、「（おおがい）」といい、もともと人《ひと》の頭《あたま》をえがいた形《かたち》で、頭部《とうぶ》に関係《かんけい》がある。

・右《みぎ》がわ　・左《ひだり》がわ　・おおがい　・ごんべん

(2) 次《つぎ》の■にあてはまる「へん」や「つくり」を、□からえらんで漢字《かんじ》を作《つく》り、□に書《か》きましょう。

① 売　読
② 也　池
③ 豆　頭
④ 孝　教

氵　頁　言　攵

解答例

76頁

へんとつくり (2)

名前

● 次《つぎ》の「へん」の名前《なまえ》を□からえらんで（　）に書《か》きましょう。
また、その部分《ぶぶん》をもつ漢字《かんじ》は、どんな事《こと》がらに関係《かんけい》がありますか。
——線《せん》でむすびましょう。

ごんべん　・きへん　・にんべん　・さんずい

① 言（ごんべん）　語・詩・記 —— 言葉《ことば》や話《はな》すこと。

② 亻（にんべん）　休・係・作 —— 人間《にんげん》。

③ 氵（さんずい）　油・港・海 —— 水《みず》。

④ 木（きへん）　板・柱・植 —— 植物《しょくぶつ》や木《き》。

77頁

へんとつくり (3)

名前

● 左《ひだり》と右《みぎ》の漢字《かんじ》の部分《ぶぶん》を組《く》み合《あ》わせて、一《ひと》つの漢字《かんじ》を作《つく》りましょう。
また、「へん」の名前《なまえ》を□からえらんで書《か》きましょう。

① 言 ＋ 舌 ➡ 話（ごんべん）

② 木 ＋ 交 ➡ 校（きへん）

③ 糸 ＋ 田 ➡ 細（いとへん）

④ 亻 ＋ 木 ➡ 休（にんべん）

⑤ 女 ＋ 市 ➡ 姉（おんなへん）

⑥ 日 ＋ 青 ➡ 晴（ひへん）

・ごんべん　・きへん　・おんなへん
・にんべん　・いとへん　・ひへん

78頁

へんとつくり (4)

名前

(1) 次《つぎ》の「つくり」の名前《なまえ》を□からえらんで（　）に書《か》きましょう。
また、その部分《ぶぶん》をもつ漢字《かんじ》は、どんな事《こと》がらに関係《かんけい》がありますか。
——線《せん》でむすびましょう。

① 頁（おおがい）　顔・頭 —— 頭部《とうぶ》に関係《かんけい》がある。

② 力（ちから）　動・助 —— 力《ちから》のはたらきに関係《かんけい》がある。

ちから　・　おおがい

(2) 左《ひだり》と右《みぎ》の漢字《かんじ》の部分《ぶぶん》を組《く》み合《あ》わせて、一《ひと》つの漢字《かんじ》を作《つく》りましょう。

① 重 ＋ 力 ➡ 動

② 彦 ＋ 頁 ➡ 顔

③ 孝 ＋ 攵 ➡ 教

79頁

ローマ字 (1)

名前

● ローマ字《じ》で書《か》きましょう。

① あ い う え お　a i u e o

② か き く け こ　ka ki ku ke ko

③ さ し す せ そ　sa si su se so [shi]

④ た ち つ て と　ta ti tu te to [chi] [tsu]

⑤ な に ぬ ね の　na ni nu ne no

⑥ は ひ ふ へ ほ　ha hi hu he ho [fu]

⑦ ま み む め も　ma mi mu me mo

⑧ や ゆ よ　ya yu yo

⑨ ら り る れ ろ　ra ri ru re ro

⑩ わ を ん　wa o n [wo]

⑪ が ぎ ぐ げ ご　ga gi gu ge go

⑫ ざ じ ず ぜ ぞ　za zi zu ze zo [ji]

⑬ だ ぢ づ で ど　da zi zu de do [di] [du]

⑭ ば び ぶ べ ぼ　ba bi bu be bo

⑮ ぱ ぴ ぷ ぺ ぽ　pa pi pu pe po

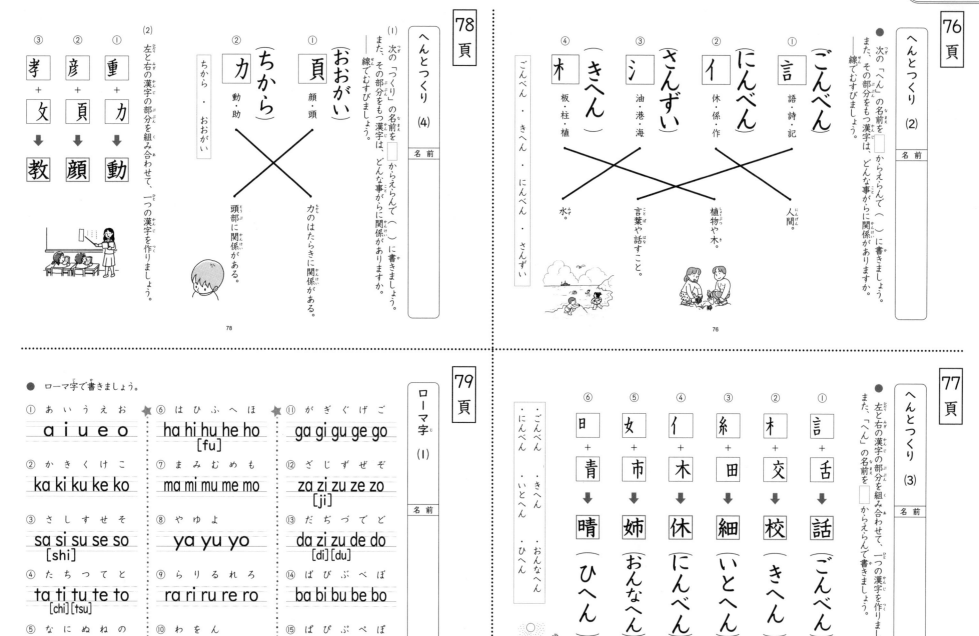

解答例

本書の解答は，あくまでもひとつの例です。児童に取り組ませる前に，必ず指導される方が問題を解いてください。指導される方の作られた解答をもとに，児童の多様な考えに寄り添って○つけをお願いします。

80頁　ローマ字《じ》 (2)

● ローマ字《じ》で書《か》きましょう。

① きゃ きゅ きょ kya kyu kyo	⑤ ひゃ ひゅ ひょ hya hyu hyo	⑨ じゃ じゅ じょ zya zyu zyo [ja] [ju] [jo]
② しゃ しゅ しょ sya syu syo [sha] [shu] [sho]	⑥ みゃ みゅ みょ mya myu myo	⑩ ぢゃ ぢゅ ぢょ zya zyu zyo [dya] [dyu] [dyo]
③ ちゃ ちゅ ちょ tya tyu tyo [cha] [chu] [cho]	⑦ りゃ りゅ りょ rya ryu ryo	⑪ びゃ びゅ びょ bya byu byo
④ にゃ にゅ にょ nya nyu nyo	⑧ ぎゃ ぎゅ ぎょ gya gyu gyo	⑫ ぴゃ ぴゅ ぴょ pya pyu pyo

「きゃ」「きゅ」「きょ」などの音《おと》は，「kya」「kyu」「kyo」のように，ローマ字《じ》３文字《もじ》で表《あらわ》します。

名前

81頁　ローマ字《じ》 (3)

(1) 次《つぎ》のローマ字《じ》の読《よ》み方《かた》を，ひらがなで（　）に書《か》きましょう。

① ame （ あめ ）	② inu （ いぬ ）	③ neko （ ねこ ）	④ semi （ せみ ）
⑤ kaki （ かき ）	⑥ tako （ たこ ）	⑦ hune （ ふね ）	⑧ yoru （ よる ）

(2) ローマ字《じ》を１字《じ》ずつはじめに書《か》きたして，次《つぎ》の言葉《ことば》を作《つく》りましょう。

① かめ  kame	② さめ  same	③ とら  tora	④ なし  nasi
⑤ ほん  hon	⑥ まめ  mame	⑦ りす  risu	⑧ わに  wani

名前

82頁　ローマ字《じ》 (4)

(1) 次《つぎ》のローマ字《じ》の読《よ》み方《かた》を，ひらがなで（　）に書《か》きましょう。

① usagi （ うさぎ ）	② buta （ ぶた ）	③ suzu （ すず ）	④ mado （ まど ）
⑤ ringo （ りんご ）	⑥ kuzira （ くじら ）	⑦ kabin （ かびん ）	⑧ tanpopo （たんぽぽ）

(2) 次《つぎ》の言葉《ことば》をローマ字《じ》で書《か》きましょう。

① あり  ari	② うし  (れい) usi	③ こま  koma	④ さる  saru
⑤ かぎ  kagi	⑥ ひつじ  (れい) hituzi	⑦ バナナ  banana	⑧ パンダ  panda

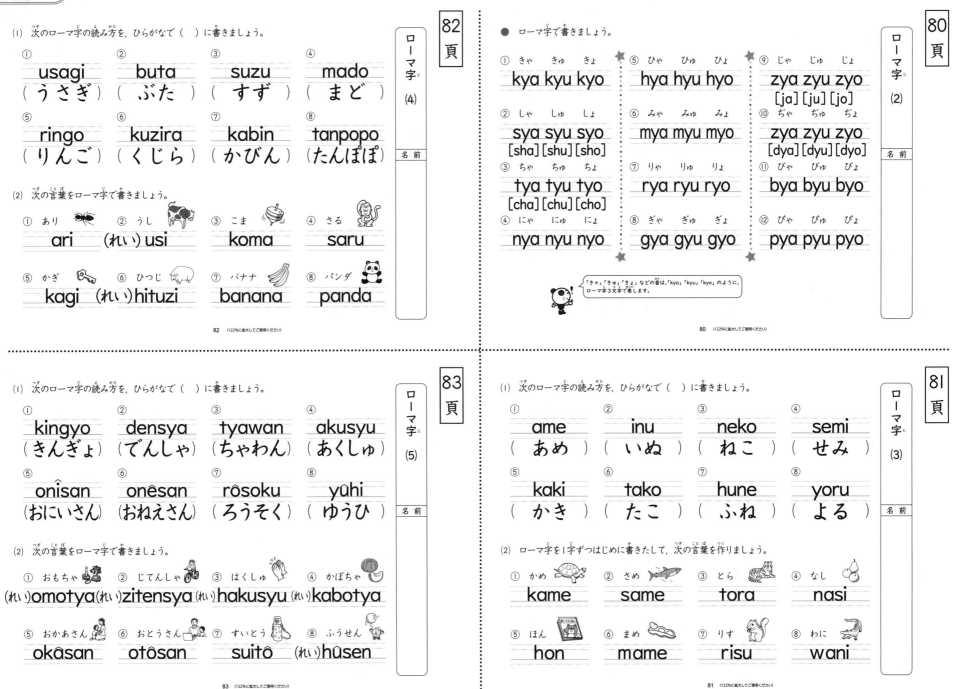

名前

83頁　ローマ字《じ》 (5)

(1) 次《つぎ》のローマ字《じ》の読《よ》み方《かた》を，ひらがなで（　）に書《か》きましょう。

① kingyo （きんぎょ）	② densya （でんしゃ）	③ tyawan （ちゃわん）	④ akusyu （あくしゅ）
⑤ onîsan （おにいさん）	⑥ onêsan （おねえさん）	⑦ rôsoku （ろうそく）	⑧ yûhi （ ゆうひ ）

(2) 次《つぎ》の言葉《ことば》をローマ字《じ》で書《か》きましょう。

① おもちゃ  (れい) omotya	② じてんしゃ  (れい) zitensya	③ はくしゅ  (れい) hakusyu	④ かぼちゃ  (れい) kabotya
⑤ おかあさん  okâsan	⑥ おとうさん  otôsan	⑦ すいとう  suitô	⑧ ふうせん  (れい) hûsen

名前

86頁

ローマ字《じ》 (8) 名前

「し」や「ち」のように，書《か》き方《かた》が二《ふた》つあるものがあります。たしかめましょう。

	一《ひと》つ目《め》の書《か》き方《かた》	もう一《ひと》つの書《か》き方《かた》
し	si	shi
ち	ti	chi
じ	zi	ji
つ	tu	tsu
ふ	hu	fu
を	o	wo

	一《ひと》つ目《め》の書《か》き方《かた》	もう一《ひと》つの書《か》き方《かた》
しゃ しゅ しょ	sya syu syo	sha shu sho
ちゃ ちゅ ちょ	tya tyu tyo	cha chu cho
じゃ じゅ じょ	zya zyu zyo	ja ju jo

わたしたちの身《み》の回《まわ》りでは，もう一《ひと》つの書《か》き方《かた》の方《ほう》が多《おお》く使《つか》われているね。

● 次《つぎ》の，書《か》き方《かた》が二《ふた》つあるローマ字《じ》の読《よ》み方《かた》を，ひらがなで書《か》きましょう。
【(　) の中《なか》のローマ字《じ》は，同《おな》じ言葉《ことば》をべつの書《か》き方《かた》で書《か》いたものです。】

① shimauma (simauma) しまうま
② tsuki (tuki) つき
③ chizu (tizu) ちず
④ densha (densya) でんしゃ
⑤ kujira (kuzira) くじら
⑥ tôfu (tôhu) とうふ
⑦ Harajuku (Harazyuku) はらじゅく
⑧ Yamaguchi (Yamaguti) やまぐち

87頁

ローマ字《じ》 (9) 名前

● ローマ字《じ》のしりとり遊《あそ》びをします。絵《え》に合《あ》う言葉《ことば》をローマ字《じ》で書《か》きましょう。
また，ローマ字《じ》のところは，読《よ》み方《かた》をひらがなで書《か》きましょう。

①
㋐ kuri
(くり)
㋑ ringo
㋒ gorira
(ごりら)
㋓ rakko

②
㋐ senro
(せんろ)
㋑ roketto
㋒ (れい) tôhu
㋓ hûsen
(ふうせん)

③
㋐ neko
㋑ kon'ya
(こんや)
㋒ yakyû
(やきゅう)
㋓ (れい) kyûkyûsya

84頁

ローマ字《じ》 (6) 名前

(1) 次《つぎ》のローマ字《じ》の読《よ》み方《かた》を，ひらがなで (　) に書《か》きましょう。

① kippu (きっぷ)
② sippo (しっぽ)
③ rappa (らっぱ)
④ sekken (せっけん)
⑤ gakkô (がっこう)
⑥ gakkyû (がっきゅう)
⑦ zen'in (ぜんいん)
⑧ kon'ya (こんや)

(2) 次《つぎ》の言葉《ことば》をローマ字《じ》で書《か》きましょう。

① きって kitte
② らっこ rakko
③ ばった batta
④ もっきん mokkin
⑤ なっとう nattô
⑥ がっしょう (れい) gassyô
⑦ 本屋《ほんや》 hon'ya
⑧ 千円《せんえん》 sen'en

85頁

ローマ字《じ》 (7) 名前

(1) 次《つぎ》のローマ字《じ》の読《よ》み方《かた》を，ひらがなで (　) に書《か》きましょう。

① Yamamoto Kenzi (やまもと けんじ)
② Inoue Kana (いのうえ かな)
③ NIPPON (にっぽん)
④ TÔKYÔ (とうきょう)
⑤ Nara-ken (ならけん)
⑥ Ôsaka-si (おおさかし)

(2) 次《つぎ》の人名《じんめい》や地名《ちめい》をローマ字《じ》で書《か》きましょう。(はじめの文字《もじ》を大文字《おおもじ》で書《か》きましょう。)

① さとう けんた Satô Kenta
② 青森県《あおもりけん》 Aomori-ken

(3) 自分《じぶん》の名前《なまえ》と，すんでいる県名《けんめい》をローマ字《じ》で書《か》きましょう。(はじめの文字《もじ》を大文字《おおもじ》で書《か》きましょう。)

① 自分《じぶん》の名前《なまえ》 (略)
② 自分《じぶん》がすんでいる県名《けんめい》 (略)

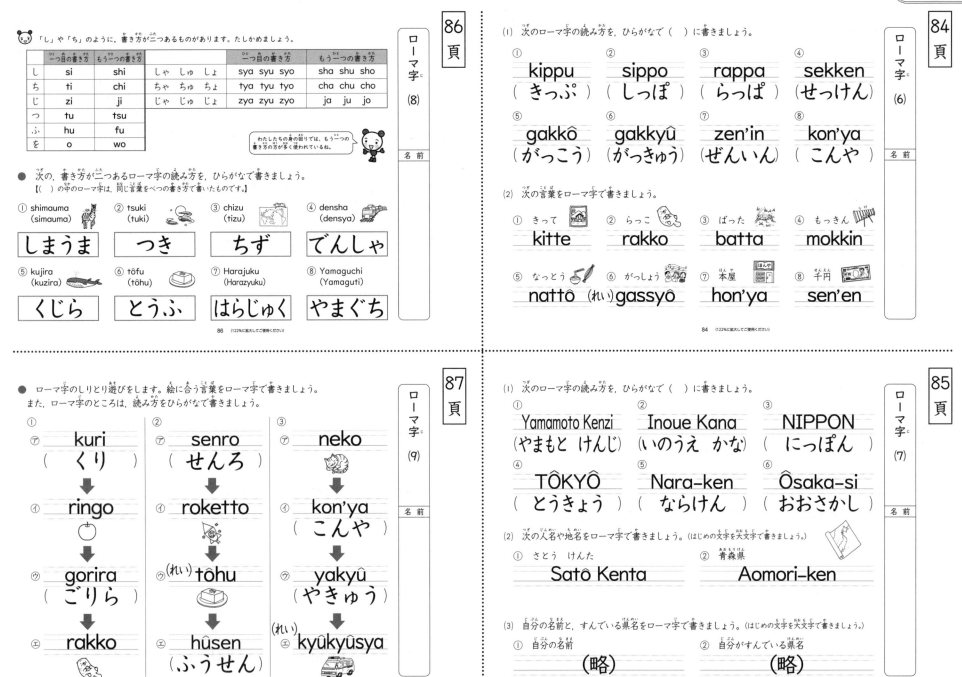

本書の解答は，あくまでもひとつの例です。児童に取り組ませる前に，必ず指導される方が問題を解いてください。指導される方の作られた解答をもとに，児童の多様な考えに寄り添って○つけをお願いします。

88頁

言葉《ことば》のたから箱《ばこ》(1)（考《かんが》えや気持《きも》ちをつたえる言葉《ことば》）

名前

考《かんが》えや気持《きも》ちをつたえる言葉《ことば》の意味《いみ》や使《つか》い方《かた》をたしかめましょう。

(1) 次《つぎ》の言葉《ことば》とよくにた意味《いみ》を表《あらわ》す言葉《ことば》を（　）からえらんで、○でかこみましょう。

① のんびり　（（ゆったり）・てきぱき）

② ほがらか　（おこりっぽい・（陽気《ようき》））

③ あっけない　（（もの足《た》りない）・はっきりしない）

④ ていねい　（いいかげん・（ねん入《い》り））

(2) 次《つぎ》の文《ぶん》を読《よ》んで、――線《せん》を引《ひ》いた言葉《ことば》の意味《いみ》にあうものに、○をつけましょう。

① ぼくの意見《いけん》は、田中《たなか》さんとことなる意見《いけん》です。

（　）同《おな》じ。

（○）ちがう。

② 遠足《えんそく》の日《ひ》が、とても待《ま》ち遠《どお》しい。

（○）楽《たの》しみで、待《ま》つ時間《じかん》が長《なが》く感《かん》じられる様子《ようす》。

（　）長《なが》い間《あいだ》待《ま》って、つかれてしまっている様子《ようす》。

③ わたしは、どうろの向《む》こうにいる友《とも》だちをひっしでよんだ。

（　）てきとうで、いいかげんな様子《ようす》。

（○）いっしょうけんめいがんばる様子《ようす》。

89頁

言葉《ことば》のたから箱《ばこ》(2)（考《かんが》えや気持《きも》ちをつたえる言葉《ことば》）

名前

考《かんが》えや気持《きも》ちをつたえる言葉《ことば》の意味《いみ》や使《つか》い方《かた》をたしかめましょう。

(1) 次《つぎ》の言葉《ことば》と反対《はんたい》の意味《いみ》を表《あらわ》す言葉《ことば》を□からえらんで書《か》きましょう。

① あやふや　↕　（はっきりした）

② こうふんした　↕　（落ち着いた）

③ 不便《ふべん》　↕　（べんり）

・べんり　・はっきりした　・落《お》ち着《つ》いた

(2) 次《つぎ》の文《ぶん》の（　）にあてはまる言葉《ことば》を□からえらんで書《か》きましょう。

① おじさんの話《はなし》は、（たいくつ）で、ときどきねむくなる。

② おなかいっぱい食《た》べて、（まんぞく）だ。

③ 発表《はっぴょう》の順番《じゅんばん》がまわってきて、（きんちょう）で足《あし》がふるえた。

④ 先生《せんせい》の（ゆかい）な話《はなし》に、思《おも》わずわらってしまった。

・きんちょう　・ゆかい　・まんぞく　・たいくつ

JASRAC 出 2208392-201「夕日がせなかをおしてくる」

喜楽研 WEB サイト
書籍の最新情報（正誤表含む）は
喜楽研 WEB サイトをご覧下さい。

喜楽研の支援教育シリーズ
ゆっくり　ていねいに学べる
国語教科書支援ワーク 3-①　光村図書の教材より抜粋

2023 年 3 月 1 日

原稿検討：中村　幸成
イラスト：山口　亜耶　他
表紙イラスト：鹿川　美佳
表紙デザイン：エガオデザイン
企画・編著：原田　善造・あおい　えむ・今井　はじめ・さくら　りこ・中田　こういち
なむら　じゅん・ほしの　ひかり・堀越　じゅん・みやま　りょう（他４名）
編集担当：中川　瑞枝
発行者：岸本　なおこ
発行所：喜楽研（わかる喜び学ぶ楽しさを創造する教育研究所：略称）
〒604-0827　京都府京都市中京区高倉通二条下ル瓦町 543-1
TEL 075-213-7701　FAX 075-213-7706　HP https://www.kirakuken.co.jp
印刷：株式会社米谷
ISBN : 978-4-86277-389-0

Printed in Japan